親のココロ 子のキモチ

3人のセラピストからのメッセージ

宮﨑伸一郎
心理カウンセラー

古市俊郎
スクールカウンセラー

早樫一男
ファミリーセラピスト

道友社

親のココロ　子のキモチ

目次

第二章　子どもを見る目　古市俊郎 ―― 69

プロローグ

現代の心理療法にはさまざまな理論や流派、技法があります。従事する人の呼称も「心理療法家」「カウンセラー」「セラピスト」「臨床心理士」など、多種多様です。実は、この本の筆者である三人の呼称も三様です。そして、心理的援助の実践場所も三人三様です。

ところで、三人の共著による出版プランの話を編集部から聞いたときに、ふと浮かんだのが『グロリアと三人のセラピスト』のことです。心理療法を学ぶ人たちなら『グロリアと三人のセラピスト』についてはよくご存じだと思います。原作はアメリカにおいて16ミリ映画として制作されたものです。現在ではビデオ化され、日本語にも吹き替えられて市販されていますので、日本で学ぶ多くの心理臨床家（カウンセラー）や教育に携わる人はそのビデオを観ることができます。

内容は、心理療法における三つの異なる立場（来談者中心療法・ゲシュタルト療法・論理療法）を代表する著名な三人のセラピストが、現実に悩みを持つ一人の女性（クライエント）に対して、それぞれの立場から面接した実際の場面を記録したものとなっています。とても素晴らしい教材です。

さらにまた『グロリアと三人のセラピスト』は、心理療法家として、目の前にいる悩みを持った人に対して、より良い生き方への援助をするという目的や目指す方向は同じであるものの、「正解は必ずしも一つではない」「唯一、絶対的な正解というものはない」ということも教えてくれています。

今回、三人の筆者がコラボレーション（協働）するのですが、宮﨑伸一郎氏は天理教の教会長であり、臨床心理士の資格を有し、社会的な活動もされています。古市俊郎氏は天理教の教会長であり、産業カウンセラーの資格を有し、学校教育現場などで活躍されています。私は天理教の布教所長であり、臨床心理士の資格を有し、相談業務に長年従事してきました。

三人に共通しているのは、「悩みを持った人が少しでもより良い生き方ができるように！」と願って、援助の現場を持っているということです。これまで学んできた心理援助技法を使いながら「対人援助」に携わっているというところです（実は「おたすけ」こそ「対人援助」にほかならないのですが）。

さらに三人に共通しているのは、「陽気ぐらし」実現を目指した信仰者であるということです。常に、親神様（おやがみさま）、教祖（おやさま）の教えが念頭にあるのです。心理臨床家（セラピスト）である前に「よふぼく」なのです。

ですから、「陽気ぐらし」実現に向けて、目指す山、登る山は同じです。

ただし、登り始める場所やその道筋、登るテンポや休憩の取り方など、登り方は三人三様です。登り始めるきっかけも異なっています。また、三人が心理的援助について学んできた道筋や歩んでいる道については、重なっているところもあれば異なっているところもあります。

この点については、「第四章　鼎談（ていだん）　3人のセラピスト」で披露することになっています。三人それぞれの「人となり」を少しでも身近に感じていただければと願っています。

第一章から第三章は、三人それぞれの文章（分担）によって構成しています。それぞれ、以下の教内機関誌・紙への連載をもとに、加筆したものです。なお、いずれも事例については、実際のケースをもとに再構成をしています。

第一章「親のキモチ　子どものキモチ」は、天理教少年会本部発行『さんさい』（二〇〇五年四月～二〇〇六年三月）。

第二章「子どもを見る目」は、天理教道友社発行『みちのとも』（二〇〇五年十二月～二〇〇七年十二月。ただし連載時のタイトルは「女性のいま　子どものあす」）。

第三章「暮らしと家族」は、天理教道友社発行『天理時報』（二〇〇三年三月～二〇〇四年十二月）。

各章の終わりには「ポストセッション」として、三人による意見交換を挟んでいます。読者のみなさんも、各文章を読んだ後、そのテーマに沿ったコメントや感想を少し心にとめてみてください。そのうえで、ポストセッションに参加するような思いで目を通していただくと、読者と三人の筆者とのコラボレーションがより一層深まるのではないでしょうか。

福岡育ちの宮崎氏、石川育ちの古市氏、そして京都育ちの私と、三人が織りなすポストセッションと鼎談は、さらっと読み通せると思います。

一部、しゃべり言葉（関西弁）が残っておりますが、ご了承ください。

問題のない人生、問題のない家族というのはあり得ません。道に迷ったり、子育てや人生に迷うことは当たり前のことなのです。そのようなときに、ちょっと立ち止まって、気軽な気持ちで立ち読みするような、そんな思いで目を通していただけたらと願っています。

出版にあたり、天理教少年会本部のご協力があったことにお礼申し上げます。また、企画の段階からアドバイスを頂いた天理教道友社の上田嘉太郎社長をはじめ、関係者のみなさまにお礼を申し上げます。さらに、三人の調整役となり企画を進めていただいた編集出版課の欅源三郎さん、佐伯元治さん、佐坂量司さん、白髭直樹さん、レイアウト担当の森本誠さんにお礼申し上げます。

多くの方々との不思議な出会いや巡り合わせ、そしてコラボレーションによって完成したことに、あらためて感謝の気持ちでいっぱいです。ありがとうございました。

（早樫一男）

第一章
親のキモチ
子どものキモチ

宮﨑伸一郎
Shinichiro Miyazaki

美しい言葉の使い方

数年前から韓流（ハンりゅう）ブームということで、ホントに幅ひろーい年代の女性たちが「ヨンサマー！」とか叫んでキラキラと瞳（ひとみ）を輝かせている様子。いや別にいいんですけど……。

うちの奥さんもしっかりその流れに乗っかっているようなので、「韓国ドラマのどこがいいの？」と尋ねると、「とにかく純情というか、清潔というか、言葉遣いもきれいなのよ」とのこと。「どうせこっちは不純で不潔だよ」と小さな声で反論はしてみたものの、ちゃんと奥さんの仮想恋愛相手を知らないと何も言えないなと思い、いくつか韓流ドラマを観（み）てみました。

「結果は？」ですって？　それが実はけっこう感動しちゃいました。なんか非常にロマンチック、言葉がきれいなんですよね。ひとつ間違えると嫌みに聞こえるような台詞も多いのですが、さわやかーな顔した韓国の俳優が言うと、なんかサマになっているんです。歯が浮くのを覚悟で、私も同じ台詞を言おうとしたら、歯どころか身体全体が空中浮遊しそうになってしまい、「いいんだよ、こんなかっこいい言葉出せなくても。どうせ俺は九州男児だからな、男は黙って・・・なんだから」と負け惜しみを言うしかありませんでした。

まあ私たち夫婦の問題はさておき、確かに最近の日本というか、私たちの周りで「美しい言葉」があまり聞かれなくなってきたように感じます。子どもたちがよく使う「カワイイー」とか「ウザイ！」とか、なんか言葉に困ったときの決まり文句みたいで、いつも同じような表現ばかりなのが聞いていて気になります。

どこの親でも子どもたちに言葉の表現力を身に付けてほしいと思うのは当た

り前のことですが、そのためには自分たちが自らの表現力を鍛えておくことが大切だと思います。夫婦の会話が少ないところには、当然家族全体の会話量も減りますし、それぞれが自分の心を表現する機会をなくしていくことになります。

「ちゃんと自分の言いたいことを言葉で言いなさい！」とかいって叱っている人たちが多いのですが、自分の言葉に自信が持てない子どもがスラスラと、それも親の期待通りの言葉を出せるはずがありません。相手が話すための条件は、黙ってじっくり話を聴く人が必要です。一生懸命考えながら「えーっと、うーんと……」と言っている子の、一見じれったい時間が、その子の言葉の力を伸ばすために大切な時間なのだと思います。

「～～したいんでしょ？」とか「～～なんだよね？」「～～しないといけないって分かってるわよね？」とかいう言葉は、相手の心に問いかけていく質問じゃなくて「イエスかノーかどっち？」と、自分の都合のいい方向に問い詰めていく「尋問」なのです。

私たちが普段何げなく使っている日本語は、本来とても美しい言葉だと思います。たくさんの先輩たちが編み出してきた数多くの表現を、私たち大人がしっかり学び、その良さを子どもたちに伝えていきたいものです。

「言葉は心を増幅させていくもの」と、ある有名な作家が言っています。美しい言葉の使い方こそが、自然と私たちの心を美しく変えていってくれるものなのかもしれません。

思春期のこころ

実は以前からアニメ映画にけっこう熱くなっています。一人で部屋にこもって真剣に、たまには涙ぐみながら観ているので、奥さんから冷ややかな視線を浴びることもしばしばです。特に宮崎駿作品にはいろいろ考えさせられるところが多くて、何度も繰り返し観てしまいます。

しばらく前の映画に『魔女の宅急便』というものがありました。

♪小さい頃は　神様がいて
不思議に夢を　かなえてくれた
…………

やさしさに包まれたなら　きっと
目にうつる全てのことは　メッセージ

私たちの年代にはうれしいユーミン（それも松任谷じゃなくって荒井由実）の『やさしさに包まれたなら』という歌に合わせて、主人公のキキという魔女がいろいろな体験を通して成長していくというストーリーです。

そのキキは十三歳になったので、親の元から旅立たなくてはいけません。昔から魔女の世界ではそう決まっていたからだそうです。魔女といってもまだ子どもで、ほうきに乗って空を飛ぶくらいしかできないキキは「宅急便」の仕事を始めますが、人間の社会の中で生活していくうちに、徐々に魔女としての能力をなくしていくことに気付いていきます。

子どもたちが思春期を迎えていく時期に、それまで毎日が楽しくって仕方ないような表情でエネルギッシュに生活していた子が、一見やる気をなくして元気がなくなったように見えるときがあります。親や学校の先生の言葉に対しても面倒くさそうに返事したり、イライラしたりするので、周囲の人たちも気を遣います。俗に「反抗期」と呼んでいますが、私は、彼や彼女たちが子どものときに持っていた生き生きとした魔法の力が徐々になくなってきて、もう子どものままではいられない、けれどもまだ大人の仲間には入れない（入りたくない）という、中途半端な自分の姿を持て余しているようにも見えるのです。

幼いころの夢っていうのは、身近でホントに小さなことを、周りの大人たちがかなえてくれていたのかもしれません。例えば誕生日に欲しいものをプレゼントされたり、休みの日に遊園地に連れて行ってもらったり、それだけでも不思議に夢がかなったと思っていたのだと思います。

ところが徐々に自我が芽生え、他人と自分とを比較したり、周囲から評価されたりすることが増えてくると、自分自身の将来や生き方などの選択に否応(いやおう)なしに直面していかなければならなくなります。現実の生活に追われて、夢が持つ不思議な力が自分の中から衰えていくのです。まるで映画の中の、徐々に魔法が効かなくなって落ち込んでいるキキの姿と重なってきます。それどころか「夢みたいなことばかり言ってたらダメよ！」と、夢をとっくにあきらめた大人たちから、早く仲間入りをするように急かされたりするのです。

周りから見ると、わけの分からない困った行動をしがちな思春期の子どもたちがたくさんいます。子どもが大人に成長していくときは心身ともに痛く苦しいものなのです。それはある意味の「成長痛」という神様からのメッセージなのかもしれません。

こんなときは少しだけ時間が必要なのです。早く早くと焦らずに、子どもの内面の力を信じて優しい心で待つことも、私たち大人の宿題なのではないでしょうか。

思春期のこころ（2）——秘密と成長

「最近、うちの子ども、学校のこととか聞いても何も話してくれないんですよ。以前は夕食のときなんか、もう分かったから黙ってご飯食べなさい！ と言うくらい学校での出来事とか話してくれたのに……」

小学校の高学年や中学生のお子さんを持つお母さんたちから、こんな話をよく聞きます。親としては子どもに秘密を持たれているような気持ちがして、少し寂しいことなのかもしれません。

以前、私の子どもたち二人が通う中学校が荒れていて、暴力事件が新聞沙汰になったりしたことがありました。「こんなことが起こっているんだな、先生たちもみんな大変だな」と私が話しかけると、二人で顔を見合わせて「まだいろいろあるよねー、親たちが知らないことがさ。こんなのたまたま見つかって事件になっただけ」と、ため息交じりに笑うのです。「そうなんだぁ、お前たちも大変だね……。お父さんたちが心配しないように気を遣ってくれてたのね」と、なんとなく情けない返事をするしかありませんでした。

秘密には自分を守るためだけのものと、誰（だれ）かに気を遣って持つものがあるような気がします。前者は「うそ」と呼ばれることが多いのですが、どちらにしても、人の心の成長にとって必要な一過程のように思えるのです。言い換えれば、子どもたちが親に秘密を持つことは、一面では良くないことのように思いますが、反面では、自分の心に秘密を持てるような力がついたことも考えられるのではないでしょうか?

幼い子どものころは、秘密を持つと小さな心が重たくなって、その辛（つら）さが身体（からだ）の症状や表情に出てきます。しんどい気持ちを早くたすけてほしいから、親のほんの一言で秘密の堤防が決壊して、涙を伴ったりしながら言葉が流れ出てくるのです。思春期を迎えて、その堤防が徐々に強くなっていくことが自我の成長の一面なのかもしれません。

「お母さん、ウザイ！」「ほっといて！」「しつこいんだから！」「べつになんともないって！」といって子どもから避けられ始めたとき、「なんでそんなこと言うの？　前はそんな子じゃなかったのに、いい子だったあんたはどこに行ったの？」と責めてばかりいても何も状況は変わりません。

思春期は性格が変わるときではなく、いままでの心に新しい力が急について、本人もうまくその気持ちをコントロールできない時期なのだと考えてみたらどうでしょうか？

自分の心と向き合って戦っているからこそ、放っておいてほしいのです。親から見たらいい子だったころのその子も、きっと本人の心の内側に、いまも生きていることを忘れないでほしいと思います。

心が成長するということは、突然変異のようにコロッと変わるものではなく、次々に新しい心を足し算していくことなのです。親子にとっていいことでも悪いことでも、これは神様から頂いた心の栄養だと思って、互いに人間として成長し合える方向にものごとを考えていくクセをつけられたら、とてもすてきなことだと思います。

迷惑かける子、かけない子

以前、日本で開かれたある研究学会で、東南アジアの学者さんの一人が日本の先生たちに対して、こんな質問をされたそうです。

「日本の親御（おやご）さんや先生たちは子どもたちに対して、生きていくときにどういうことが大切だと教えますか？」

さて、こんな質問を面と向かってされたらちょっと考えますよね。お父さんやお母さんたちだったら、どう答えられますか？

そのとき一生懸命に考えた日本の学者さんたちは、こう答えたそうです。

「他人に迷惑をかけたらいけないよ。迷惑をかけないように気を付けなさいですね。

……でしょうか」。確かに私たち親や大人が子どもたちに、よく口にする言葉ですね。

そうすると、その東南アジアの学者さんは、「あー、そうなんですか。では、これからも日本の子どもたちの問題はもっと大きなことになっていくでしょうね。ひきこもりやイジメなどもなくならずに、かえって増えていくでしょうね」と言われたそうです。「どうしてそんなことが分かるのですか?」と質問すると、その人はこう答えられたそうです。

「だってみなさん、子どもたちに嘘をついているし、無理なことを押し付けているからです。私たちの国では子どもたちが幼いころからこう教えます。〝人間は生まれて生活していくときに、自分が知らない間に誰かに必ず迷惑をかけているんだよ。だからいつも周りの人に感謝をして、自分が誰かをたすけられるときにはしっかりたすけてあげなさい〟とね。誰にも迷惑をかけなければそれでいいと思う子ばかりになったら、その子たちに感謝の気持ちは育たないし、ありがとうの言葉も育たないでしょ？　それでは冷え冷えとした人間関係しか作れなくなりますよ」

確かにそう言われてみれば、人に迷惑をかけなければそれでいいという社会は、たとえそんな気がなくても、ちょっとでも周りに迷惑をかけた人たちに対して冷たい社会になっていくだろうなと思います。身近なことで言えば、勉強や運動などで、周りの子どもたちについていけなくて少しだけ遅れる子、みんなが決めた約束が守れなくて浮いてしまう子、周りの意見に同調できずに自己主張する子などがいますが、「自分は迷惑をかけないようにこんなに頑張っているのに……」と思っている子ほど、そんなふうにできない子に対してマイナスの感情を持ちやすいのかもしれません。みんなにちょっとだけ合わせられない子がいろいろなトラブルに巻き込まれやすいことも事実なのです。

もともと人は「相身互い（あいみたがい）」と言って、ときに迷惑をかけたりかけられたり、またときには、たすけたりたすけられたりして、「お互いさまですから」と感謝

し合って生きていくものだったはずです。

必死になって自分の子を「人に迷惑をかけない子」に育てようとしていくことよりも、もっと大切なことは「あなたは自分一人の力で生きているわけではない。自分の目には見えないところでいつも誰かに支えられて、たすけられているんだよ。だから自分を大切にして、人にもできる限り優しくしていこう」と伝えていくことではないでしょうか？

最近の子どもたちを見ていると、

自分の存在や価値に自信をなくしている子が多いような気がして仕方ありません。「人に迷惑をかけないように」という、これはこれで大切なしつけの言葉が、本来の意味からはずれて、「誰も頼りにしてはいけない。結局は自分一人なんだから、他人を頼ったり信用してはいけないよ」というようなメッセージに変換されて、子どもたちの心に入っていっていないかどうか、親自身が、まず普段の生き方から見つめ直し、考えていくことが大切なのだと思います。

子どもの気疲れ

「僕はもう嫌だ。高校や大学には行かない。自分は小さいころからおいしい料理を作る板前さんになりたかったんだ。もうこれ以上お父さんとお母さんには付き合えないよ。自分の生きたいように生きるから！」

以前出会った中学三年生の男の子が、自分の教育方針というか、具体的には進学先をどこの高校にするかで夫婦ゲンカばかりしていたご両親に向けて放った一言でした。

小さいころから何も問題なく育っていると思っていた一人息子の突然の反乱に、ご両親はパニック状態でした。叱っても、なだめてもすかしても頑としてこの男の子は退きません。困ったご両親は学校の先生方や友人たちにいろいろ相談したそうですが、どうにもできなくなって相談に来られたのです。

最初にご両親に話を聞くと、いままでこの子にどれだけの愛情と手間をかけて育ててきたか、いろいろな塾や家庭教師なども含めて、自分たちができることは一生懸命にやってきたということを、涙ながらに話されました。この男の子の将来に夫婦そろって大きな期待をかけ、またその期待通りに順調にこれまでやってきたのに……それが急になぜ？　と納得がいかない表情でした。

そのあとで、私はこの男の子と二人っきりで長い時間、ゆっくりと話し合いました。最初は緊張と警戒の態度を見せていたのですが、少しずつ自分の言葉で思いを伝えてきてくれました。そのときのこの子の思いを一言で表現すると、「疲れた」ということでした。

「何がそんなにキミを疲れさせたの？」と聞いていくと、「先生、うちの両親は仲がいいように見えたかもしれませんが、いつもケンカばかりしていて、普

段、家ではお互いに口をきかないんです。僕がテストでいい成績を取ったり、何かで賞をもらったりしたときだけ家の中が明るくなるんです」「僕が成長して立派な社会人になったら離婚するけど、それまではこの子のために我慢して一緒にいるって……小さいころからいつも聞かされていました。だからいままで頑張ってきたけど、もう限界です。もう親に気を遣ってばかりいるのに疲れました」ということでした。
自分の親夫婦の関係をつなぎとめるために、勉強やスポーツに頑張ってきた

と言うのです。

「子どもの中には両親のケンカや離婚を、自分が悪いからそうなるんだと、大きな罪悪感を持って生きている子が多い」と、ある心理学者は言っています。子どもの心の成長にとって一番大切な、心の安定や安心感を得る場所である家庭の中で、夫婦や大人たちの心のもつれが敏感な子どもの心を傷つけることは大いに起こりやすいことだと思います。

「お前のことを考えて、お前の幸せのために言い合いになっているんだ」という親の言葉は、言い換えれば「お前のせいでケンカになっているんだ」という責め言葉になっている場合もあるのです。

その後彼は、親が望んでいた有名進学校には行かず、定時制高校に通いながら昼間は料理店に勤め、卒業後は将来を嘱望(しょくぼう)される和食の板前さんに成長していきました。もともと気疲れするほど他人への気配りができる子だったので、お客さん一人ひとりの心を大切にもてなすことができたようです。

ときどきご両親も、そろって仲良く彼の料理を食べに行かれているという知らせを受けて、なにか私も一緒においしい料理をごちそうになったような気がして、とても幸せな気持ちになりました。

みんなの中の自分

中学生くらいになると、よくこんな言い方をする子が増えてきます。

「私だけじゃないもん、みんなだってやってるよ」

「やってないの俺（おれ）だけじゃないよ、みんなもやってないんだって」

その子自身に何か注意をしても、「みんな」という言葉に自分の思いの意味が薄められたような気がして、「ほかの子は関係ないでしょ！　あんたのことを言ってるの！」と腹を立てておられる大人の人たちがたくさんいるような気がします。

まあ、正直言えば、大人たちも子どもに「あんただけでしょ、そんなことしっているのは。ほかの子はしてないんでしょ?」なんて、つい先に質問してしまってますからね。それで子どもたちの答えに「みんな」という言葉が出てきやすいのかもしれません。

「みんな」と「自分」、思春期くらいになれば、子どもたちが一番気にする関係性なのではないでしょうか。「自分」をなるべく「みんな」の範疇(はんちゅう)に入れて、その地帯(ベルト)からはみ出さないように気を付けているのかもしれません。一方で強烈に自分を意識する自我が芽生えているのに、もう一方ではそんな自分を周囲から隠したいという微妙な心理状態って、誰(だれ)もが経験していくことだと思います。

以前、数多くの優秀な人材を育てられた高名な教育者の講演を聴きに行ったときのことです。その人の父親は明治生まれの頑固一徹な性格で、とても子育てに厳しかったそうです。

「ある日、法事のために家族で汽車に乗っていたところ、三等車で車内がすごく汚れて散らかっていたので、子どもだった自分は鼻をかんだチリ紙をポイッと通路に捨ててしまいました。それを父親に見られて、『あっ、叱られる……』と思ったら、父は何も言いませんでした。用事が終わり、帰路は初めて特等車に乗せてくれました。夢のようにきれいな車内でしたから、私はまた鼻をかんだチリ紙を、今度は捨てずにポケットに入れました。そうしたら父が烈火のごとくに怒って、『なぜ行きがけのときのようにチリ紙を通路に捨てないんだ？お前は周りの環境で自分の行動をそんなに変えてしまうのか？　そんな考えでこれから生きていくのだったら、一生自分自身の考えを持たない〝環境の奴隷〟になってしまうぞ！』と言われたのです。私は父のその言葉を忘れたことはありません」

と、印象深いエピソードを語られました。

確かに身に付いた人間の倫理観や道徳心は、どんな状況にあっても普遍のものであるはずです。私たち一人ひとりの大人の価値観が、いまの情報化社会の中で右往左往していたら、その心の混乱が、ストレートに子どもたちの価値観の形成に影響を与えていくことは間違いありません。

なーんて偉そうなことを言いましたが、先日、電車の中で周囲の迷惑も考えず騒ぎまくるわが子に「ほら、静かにしないとあのおじさんに叱られるわよ」とか言うお母さんがいたと、その母親にご指名を受けたおじさんから「母親のあんたが叱らんかい！」と新聞に投書が届いたそうです。投書じゃなくてその場で叱ったら、おじさんもカッコ良かったのになぁと思いつつ、その人に自分を置き換えて考えると、面倒くさくて自分でもその親子にあえて注意しないかもしれないなと感じて、情けなくも反省した私でありました。

禁じられた遊び

「先生、うちの子がとうとうおかしくなりました。学校に行かないことは仕方ないと思えてきたのに、やはりどこか異常があるんでしょうか？」

小学六年生の不登校の問題を持った男の子（A君）のお母さんが暗い表情で面接に来られました。

「何があったのですか？」と詳しく聞いていくと、A君は毎日、近くの沼地に出掛けてザリガニをたくさん釣ってきて、家の水槽で飼っているらしく、そこまではお母さんも許せるらしいのですが、毎日水槽で次々に死んでいくザリガニを一匹ずつ、庭にお墓を作って丁寧（ていねい）に埋めているということでした。

「もう庭中がザリガニのお墓だらけで……。ザリガニのお葬式を真剣な表情でしているあの子を見ると、なんか不安というか怖くなって……」とお母さんは言います。ご主人と離婚して、母一人子一人で、これから新しい人生をスタートしたいと思っていたお母さんは、不登校、ザリガニのお葬式と、次々に現れるA君の問題行動に深く落ち込んでしまいました。

お葬式はしばらく続きましたが、私が面接の中で提案した、「お母さんもザリガニのお葬式に一度参列すること」「できれば一日A君の生活にゆっくり付き合ってみること」などの実行を通して、お母さんの心にいろいろな変化が起こってきました。

「お葬式を真剣にしているあの子の顔を見ていて、何か切なくなって涙が出ました」「生まれて初めて泥だらけになって遊びました。気持ちがいいもんですね」と報告がありました。そのうちA君にも変化が起こり、ザリガニ釣りにも行かなくなり、水槽に残ったザリガニの最後の一匹のお葬式が終わって、その後しばらくして学校に行けるようになったのです。

お母さんとの面接中の話の中で、ご主人との離婚の理由がDV（暴力）だったこと、お腹に A君の弟か妹がいるときに激しい暴力を受けて流産したことなどが、次々と明らかになってきました。

「あの人を絶対に一生許せません、絶対に……」と苦しそうに話すお母さんに、私はこう伝えました。

「お母さんがご主人を恨む気持ちは分かりますが、そこからは何も新しいものは生まれてきません。A君はお母さんの気持ちが痛いほど分かって、そのうえで早く本当の新しいスタートをしたかったのではないでしょうか？　お葬式をしていたザリガニは生まれてこなかった兄弟の代わりだったのかもしれません。いや、お母さんと自分自身が生まれ変わるために必要な心の死の儀式だったのかもしれませんね。苦しいことや嫌な思い出を土の中に埋めていっていたのだと思えませんか？」

お母さんは涙をポロポロこぼして私の話を聴いておられました。

幼い子どもは大人のように言葉をうまく使って自分の思いを表現できません。だから遊びの中で自分の心を表現し、自らの力で癒やそうと試みるのです。

以前、阪神・淡路大震災の後、避難所に入ったカウンセラーが、砂場で地震ごっこをしてたくさんの人形を砂に埋めている子どもたちや、火事で人が死んでいる場面ばかりを絵に描いている子どもたちの姿を見つけました。「そんなことして遊んではいけません！」と、生活の不安から余裕をなくしている大人の方たちが叱っていたそうです。

大人からすると困ってしまい、禁じたくなるような子どもの問題行動には、何らかの意味があるに違いありません。上っ面だけの理解ではなく、もっと子どもたちに対して大きく深い理解ができるように、私たち大人も自分の心を普段から柔らかく鍛えておく必要があると思います。

老人力と子ども力

最近、高齢者の方たちの集まりや、地域のお年寄りの方たちが企画する「老人大学」などでお話をする機会を多く頂くようになりました。この前の講演のパンフレットには「高齢化社会を迎え、第二、第三の人生を有意義に生きていくために、いつまでも学びの姿勢を忘れないようにしたい」という意味の言葉が書かれていて、たくさんのパワフルな高齢者の方々が集まっておられました。

こちらが予想したよりも熱心に話を聴かれて、その後の質疑応答もなかなか盛り上がります。中には「ホントにきょうはいいお話でした。これからも若いお坊さんとして仏の道をしっかり歩んでください」「？・？・？」とか、「私があと五十年若かったら先生みたいな人と結婚してたわ」などの珍コメントもあり、会場全体で大笑いして、時間が経つのを忘れるくらいでした。

ただ何人かの人から「うちの家は息子も嫁も、最近は孫ともほとんど会話がありません。家族全員で囲む食卓なんてなくなってしまいました」「ちょっと私にも相談してくれれば分かることなのに、やっぱり年寄りには、かかわってほしくないいんでしょうねぇ……」という寂しそうな声が聞かれたのも印象に残りました。

数年前、成績優秀で特に問題も起こしたことがない看護学生が、実習に行き始めてすぐに「看護学校を辞めたい」と言い出しました。教官や先輩たちがいろいろと話を聞こうとしますが、彼女は辞めたい理由を決して言おうとせず、ただひたすらに「もう無理です、私は看護師になれません」と言って泣くばかりでした。相談に乗った私にも最初はなかなか心を開いて話してくれませんでしたが、数回目の面接のとき、やっとその理由を話してくれました。彼女は

「実習に行って、どうしてもお年寄りの人の身体を触れない。なにか怖いような、気持ちが悪いような……そんなこと思っちゃいけない、考えちゃいけないと思えば思うほど、どうしていいのか分からなくなってしまって……」と、泣きながら話しだしました。

ゆっくりじっくり、彼女の気持ちを否定することなく、また責めることなく聴き続けていくと、美しい笑顔が大好きだった優しいおばあちゃんが、彼女が小学一年生の時に病気になったという話になりました。病状も芳しくなかったらしく、それから一度も会うことがないまま、二年後の小三の時に亡くなる寸前のおばあちゃんを病院に見舞ったとき、その変わりようにショックを受けたそうです。両親からおばあちゃんの手を握るように言われたとき、怖くて泣きだしてしまったという出来事があったのです。そのときの自分自身を許せない気持ちが、彼女の心の中で深い傷になり、その痛みが実習のときによみがえってきたのです。彼女とはその後もいろいろ話し合いを重ねて、最終的には看護とは違う道へ進むことになりました。

生きている限り、老いは必ずやって来ます。そして誰もが死を迎えます。神様にお借りした身体をお返しして、いったん神様に抱かれた「たましい」がまた新しい身体を頂いて生まれ変わってくることを、天理教では「出直し」と教えられています。

老人がこれから「出直していく人たち」なら、幼児や子どもは「出直してきた人たち」なのでしょう。そう考えてみると、働き盛り、仕事盛りの私たち親の世代が、もしかすると一番神様の世界から遠のいている時期なのかもしれません。

老人や子どもたちから学ぶ知恵は、探そうと思えばいくらでも見つかるものだと思います。老いや病を避けたり、嫌がったりするのではなく、そういう人たちとじっくり正面から付き合っていく姿勢をしっかり見せていくことも、子どもたちに対する大人の大切な役目なのではないでしょうか。

変身する人たち

先日、天理に向かう電車の中でのことです。向かい側の座席に若い女性が二人座りました。一見大学生風でかわいい感じの女性たちでしたが、座ったとたんに二人ともタイミングを合わせたように、カバンからお化粧道具セットを取り出してお顔づくりが始まりました。たたくわ、描くわ、塗るわ、巻くわ……まるでお寺の千手観音のような手の動きを感心しながら見ていましたが、あんまり見つめているのも失礼だなと思い、自分の読んでいた本に目を落としました。しばらくして目を上げると、目の前に全く違う顔をした女性が座っていて、驚いてしまいました。

最近は幼児向けのお化粧道具も販売されているようで、先日もテレビでエステに励む幼児や小学生を取り上げた番組が流れていました。毎朝、食事の時間も惜しんで化粧をしないと学校に行かないというわが子を、ほほ笑んで見ている両親に、「そりゃナンボナンデモ変とちゃいまっか?」と、なぜか変な関西弁でツッコミを入れたくなりました。

もともと化粧やピアス、タトゥー(入れ墨)などの装飾は、未開の地に住む部族が自分の強さを誇ったり、戦いに臨むときに、普段の自分以上の力を出せるように変身するために始まったという説もあると聞きます。そういえば例の電車の中でピシッと気合の入った女性の隣で、若い男性が携帯電話のゲームにはまって平和そうな幼い顔で遊んでいたのを思い出しました。もしかすると昨今は、戦いに向かう女性の狩猟民族化と、男性の平和な農耕民族化が進んでいるのかなと感じます。

そんな話を大学の講義の最中にして、女子学生たちの思いを聞いてみました。

「君たちも電車で化粧するの？」「しますねぇ、あの時間は有効に使わないと……」「そうかぁ、でも電車の中で髪の毛をシャンプーしたり、歯を磨いたりはしないんだろ？」「そんなぁ、そこまではしませんよ。常識でしょ！」「じゃあ向かい側に座ったおじさんが、いきなり鏡を取り出して鼻毛を抜きだしたり、靴下を脱いで爪を切りだしたりしたらどう思う？」「やだぁ、それはキモイです。許せないですよ」「そう？　なんかあんまり電車内化粧と変わらない気もするけどな。どの程度はＯＫで、それ以上はＮＧって、結局程度の問題で、線引きはあってないようなものじゃない？」「……」

本当に冗談ではなく、このままで行くと将来は、電車の中などの公共の場と私的な日常生活の場の境目がもっと不明瞭になっていくことだろうと思います。その境界は自分自身の心でつけていくものではありますが、そこにはやはり親の生き方が影響することは間違いありません。子どもは親や大人たちのいい加減さだけは必ずまねていくものだからです。「心の線引き」がこれからの夫婦

・親子関係、そして他者との人間関係にとって大きなテーマになっていくように思います。

ちなみに、最近うちの奥さんがお化粧をしていたときのこと。私が「(あんまり戦闘モードに入ってほしくないので) お前はそんなに化粧しなくてもいいからね」と言うと、「そんなぁ。もうおばさんだから、ちゃんと塗らないと。もう薄化粧ではダメよー、シワも出てきたし……」と、なぜかうれしそうに笑うので、勘違いしてるようだけど喜んでいるからいいかなと思っていたところ、あとで奥さんが娘に「お父さん、上手よねぇ。まだお母さんそのままでもイケルって」と話していました。「お母さん、冗談と本気の区別もつかないの?」と娘から叱られていましたが、うーん、夫婦のコミュニケーションもやっぱりビミョーですね。ホントに線引きって難しい。

親と子の失恋物語

「最近私に冷たいんです。こんなに好きよって思っているのにつれなくて……。どうせ私なんかおばさんだから、若い子のほうがいいに決まってるでしょうけど、いままであんなにかわいがってきたのに、なんかむなしくって……」

別にアブナイ恋愛相談じゃありません。あるお母さんが中学生になった息子さんのことを話された悲しい恋の物語です。

考えてみると、父親と女の子、母親と男の子は、幼いころにはまるで恋人のようになってしまいがちです。それが思春期を迎えるようになると様子が違ってきて、子どもからうっとうしがられたり、急に距離を置かれ始めます。もちろん最初から娘に理不尽に嫌われているお父さんも中にはおられますが……。そういう方は嘆かなくて結構です。いずれすべての父親は娘に「ウザーイ、クサーイ、キモーイ」とか連発されて、一度は嫌われる運命です。ただその時期が早いか遅いかだけの違いです。私の友人なんか、生まれて間もない女の子に「顔を見せるだけで泣きだすんだよね……」と、最短失恋記録を持ってすっかり落ち込んでるくらいですから。

そう考えてみると、父娘の恋愛より、母息子の恋愛が長く続くことが多いようです。男児よりも女児のほうが思春期を早く迎えて、それまで格好良く見えていた父親を冷静に観察できる眼力がついて、正味を見てしまうことが早いのだと思います。「なんだお父さん、よーく見たらそんなに格好良くないじゃない。キムタクにも負けてるし」(だ、だれと比べてんの?)と、あっさりと錯覚が取れて、ちゃんと現実が見えていくのです。うちの娘なんて……あんなに昔は「パパ、パパ」って言ってくれていたのに、いまじゃもう「あらお父さん、なんできょうは家にいるの？」って、どんな存在じゃ……。あっ、失礼しました。つい気持ちが出てしまって。

それに比べて男の子は母親思いの子が多いですから、母親から離れずにそばにいます。母親も、もうすでに魅力のなくなっただんなさんよりも、未来の可能性を秘めた若くてかわいいわが子がいいに決まってますしね。うちの奥さんも時々、ほれぼれしたような目つきで息子たちを見ています。ああいう視線は多分、長いこと私に向けていないように思いますけど……。いかんいかん、どうも最近歳（とし）のせいか愚痴（ぐち）っぽくなってしまって……。

以前、「先生、うちの主人はもう四十に手が届く歳なのに母親べッタリで、完全なマザコンなんです。何でもかんでもお母さん、お母さんで、ホントに見ていてゾッとします。私の子は絶対にあんなふうにならないように、しっかり厳しく育てます。早く独り立ちしていくように子育てを頑張りますから」と力強く宣言された奥さんがおられました。

それからしばらく経ってその奥さんと子どもさんに会ったら、皮肉なことに、母親の支持がなければ何もできない見事なマザコンボーイを再生産されていました。こうやって二世代、三世代にわたって同じ関係を繰り返し作っていくことも、家族の中ではよく起こることのように思います。

大人にとって子どもはいつまでもかわいく、自分の元に仲が良いままに留まってほしいものです。その中を、子どもの心の成長にタイミングを合わせて、上手に失恋をしていくことも大切な親の務めかもしれません。そんなとき、できればすぐ近くにボーッと存在していることが多い、ある人の魅力を再発見して、枯れてしまった恋の花をもう一度咲かせてくれれば、家庭円満に向かうのですが……。

破られた写真

一人娘として生まれ、両親の愛情を一身に集めて育っていた子が、高校に入学して間もなく不登校になり、家に閉じこもるようになってしまいました。話を聞くと、幼いころから手が掛からない文字通りの「いい子」で、勉強も運動もよくできて、ピアノやバレエなどでも才能を認められていたとのことです。

両親も共に真面目（まじめ）で、人間的にも評判が良く、周囲から見ると「文句の付けどころがない家庭」だったのです。「この子のためなら……」と、親はあちこちの病院やカウンセラーに相談に回り、勉強が遅れないようにと数人の家庭教師をつけて、この子に一生懸命にかかわっていました。ところがそうやって親が頑張れば頑張るほど状況は悪化して、娘さんは暗く落ち込み、ひきこもり状態に入っていきました。

家庭訪問などでかかわりを持ちだした私は、リビングの壁に飾ってあるたくさんの写真が目に入りました。両親にお尋ねすると、「これは幼稚園の運動会のとき、こっちはお遊戯会でお姫さまを演じたときの写真です」「それからこれは小学生の時、ピアノの発表会で賞を取ったときのものです」と、うれしそうに解説してくれました。少し気になったのは、ここ数年の彼女の写真がないことでしたが、「中学生くらいから写真というと嫌がって、あんまり撮ってないんです」と聞き、思春期は誰でもそんなときがあるからなと納得した気になっていました。

ある日の午後、お母さんから「先生、子どもが急に暴れだしました。もうメチャクチャです」と、慌てた口調で電話が入りました。急いで家に行くと、部屋中が紙吹雪をまき散らしたようになっています。よく見ると、壁にあった写真がすべてバラバラに破られて部屋中にまかれているのです。お母さんにいきさつを聞くと、娘と会話しているときに何げなく「昔はあんなにいい子で頑張っていたのにねー」と言った途端に、「いい加減にしてよ！」「これはホントの私じゃない！」とキレて、すべての写真を破り始めたらしいのです。

その後、私とお母さん、帰宅してきたお父さんも交えて三人でじっくり話し合いました。私は、「あの壁の写真は、親にしてみれば過去の美しい記録かもしれないが、娘さんにしてみれば昔の自分だけを肯定されて、いま現在の自分は否定されていると感じさせるものではなかっただろうか」「良かったときのあなたに戻ってほしいと、親からいつも娘さんに強いプレッシャーを与えていたのではないか」などとお話ししました。両親は、「悪気はなかったのですが、本当にそうかもしれません」と納得されて、その晩は涙を流しながら二人で部屋を片付けたそうです。

不思議なことに、その出来事をきっかけに娘さんは、親の言葉を借りればったように、良い方向に自ら歩き始めました。有数の進学校だった高校は中退しましたが、いろいろなアルバイトの経験を経て、その後大学に進学、好きだった英語を学んで外国に留学したりしました。

「あのころは良かった」「あのまま行けば、ホントだったらいまごろは……」とよく耳にする過去の栄光（？）というものは、時にその人や、その周囲の人たちの新しい生き方や前進を阻む働きをすることもあるのではないかと、最近、人だすけの中でよく感じています。

道に迷ったときは

人は生きていく中で思いがけないことに出合ったとき、自分自身を見失い、生きる方向性や目的を見失いがちになります。そのことが起こるまで順調に人生が進んでいると思っていた人ほど、強烈なダメージを受けて深く落ち込んでしまいます。

私は十年ほど前にガンという病気を頂き、大腸の三十センチ以上を切り取るという大手術を受けました。その約一年後に肝臓にガンが再発、二度目の手術を経ていまに至っています。

最初の手術を受ける前に、母からこう言われました。

「あんたはいままで良すぎたよ。私は、自分の力で何事も成していると、あんたが勘違いしてないかと心配してた。今回の病気は辛いことかもしれないけど、これでちょうどいいと思いなさい。そのうえで、たくさんの人たちのおかげで自分があることをしっかり自覚しなさい」

私は自分では親に対して孝行しているつもりでいたのですが、親の目から見たら心配をかけていた息子だったということに初めて気付いて驚きました。本当に「親のキモチ」と「子どものキモチ」の間には、案外大きなズレがありがちなのかもしれません。

病気療養中は、本当に自分の嫌なところばかりが出てきて、自己嫌悪に陥り、誰とも会いたくないような状態にもなりました。気持ちばかりが焦ってしまうのです。

そのころ手にした本の中に「山登り」の話が書いてありました。私が一番興味を覚えたのは、有名な登山家も含めて、山での遭難は登山中ではなく山から

下りる途中に起こりやすいということでした。頂上に立つという目的があるときは、人は思うより頑張れるそうですが、いったん下り始めると、登山中に無理をしたことも出て道を見失いやすいのだそうです。道に迷ったときは慌てて動かずに、冷静にじっくりとその場にとどまって体力の回復を待つことが大切だと書かれていました。

病気や大きな事情が起こったときの人の心の持ち方も同じだと思います。子どもの問題などで親や大人たちが精神的に追い詰められたとき、早くその苦しみから自分たちが抜け出したいために焦っていろいろと動き回り、かえって問題を大きくして子どもを苦しめていくことはよくあることです。じっくりその場にとどまって、その子どもの問題だけでなく、その子の周囲で生きる自分たちの生き方や考え方を冷静に見つめていくことで、結果的にその問題にかかわる皆が幸せになる方法も見つかることが多いのです。何事も成熟のためには、ある程度の時間が必要なのではないでしょうか。

またある人が、「森の中で迷ったら、一つの方向に進むことが一番の脱出の早道だ」と言っておられました。心が迷ったときほど、心をあちこちに向けないで、一方向に定めてしっかり進んでいくことが大切なのだと思います。

病気を頂いて自分にはどうしようもない状況に追い詰められたとき、私は生まれて初めて心から神様にもたれることができた気がします。神様の思いに自分の生き方の焦点を合わせて生きると心が決まってから、迷いが減って楽になったことを覚えています。

子育てに限らず、いろいろ悩み多き私たち人間です。山の登り方、登らせ方ばかりを考えずに、きちんとした下り方を学んでいくことも大切なことだと思います。

ポストセッション

古市　宮崎さんの文章を読むと、子どもの言葉と親の言葉の通訳という感じがするんですね。それをすごく感じます。

宮崎　分かっていただけてうれしいです。僕はこの連載では、そこをやろうと思ったんです。

早樫　ということは、別の言い方をすると、親子の間で話が通じていない。通訳ができていないというか、コミュニケーションができてないということですよね。

古市　しかもそれは、言語的な通訳だけでなくて、非言語的なものもできていない。

早樫　それは、子どもの側のテーマと親の側のテーマの両方が考えられるね。

宮﨑　親の側のテーマが大きいですね。「受け止める」とか「聴く」という姿勢がないところに、子どもの言葉は発生しませんよね。聴く耳がない大人のもとでは、上手な言葉は絶対に身に付かないと思います。例えば、「えーとね、えーとね」って子どもが言っているときは、ものすごく頑張っているときですよね。そのときに「分かった分かった、後から聞くから」と、そこで止めてしまっておいて、「うちの子は自分の言いたいことが言えないんです」とか言っている親が多いような気がするんです。だから、もうちょっと親に、カウンセリングマインドではないけれども、ちょっと止まって耳を傾けるような心を持ってくださいよと言いたいんです。それだけでも違うものが聞こえてくるし。

古市　カウンセリングというよりも、親と子のコミュニケーションということだよね。

早樫　子どもの側から言えば、丁寧に耳を傾けてもらえないという、そういうしんどさがあるのかな。

宮崎　やっぱり「分かってくれない」っていう辛さが、すごくありますよね。誰も分かってくれない。先生も分かってくれないし、親も分かってくれない。「じゃあ、どんなことを言いたいの？」ってカウンセラーが聞いても、すぐには出てこないですよね。でも、そのときにカウンセラーが焦ってはいけないんで、じっくりじっくりと聴いて、「それは面白い言葉だね。それはこういうことかな」とこちらで言い換えたり、「こういう理解でいいかな」と尋ねてあげることが大事だよね。

古市　自分の言った言葉が相手に対してどういう影響を与えるかということを考えて人はしゃべるから。子どももだってそうですよ。よく使われるのは「どうせ」という言葉でしょ。親の言うことが分かっているわけですよ。だから言わない。というか言えないい。

宮崎　親の言葉とか先生の言葉がワンパターン化していて、子どもが会話の展開を読んでいるんですよね。例えば天理教の教会でも、親が会長さんに、「あの髪形をやめさせてください」とか「あのボンタンズボンをやめさせてください」とか頼むじゃないですか。会長さんも、それに応えちゃうんですよね。もうその時点でアウトですよ。だから、親の困っていることと子どもの困っていることが違うということを、少し頭に置いておかないといけないという感じがしますね。

古市　通訳というのは、どっちかの側による通訳ではないわけでしょ。親と子の中間にいて橋渡しをするような人が、いまは必要なんでしょうね。

早樫　言葉の問題で言えば、言葉で言えないから身体症状に現れるということがあるんだけれども、もう一つは、言葉で言えないから暴力で、というのがあるよね。

宮崎　それから、引きこもったりとかね。

古市　最近の学校では、ソーシャルスキルということが盛んに言われています。子どもにやりたいことをあえて我慢させることや、やりたくないことをあえてやる頑張る力を作っていくということが、特に小学校低学年のうちから必要だということですね。さっきは親の側の、聴かない、待てないという問題点が指摘されたけれども、これは子どもの側の訓練です。その訓練をする場が、いまは社会的にも少なくなってきているから、家庭でなかなかできないのであれば学校で、あるいは第三の場で、となってしまう。

早樫　ＳＳＴ（ソーシャルスキルトレーニング）は、だんだんはやりになってきてるよね。

宮崎　学校って、そういう訓練の場になり得るんですかね。先生がその訓練をするんでしょ。

古市　学校の負担は大きいけれども、先生方は一生懸命にやろうとしていますよ。

宮崎　学校の先生って、多くの人は本当に真面目だと思いますよ。だからあんなに疲れているんだと思うんですよね。

古市　私は天理教の教会が、学校でも家庭でもできないところを何かできればいいなと思っているんですよ。例えば「こどもおぢばがえり」とかでね。

宮崎　いまの子どもたちというのは、いつも同じ世界に住んでいて、横並びの世界ばっかり見ていると思うんですよね。この子はどうだとか、あっちの家はどうだとか。親もそうですよ。だからそこで、別の世界というか、異界というものの価値が出てくるんですよね。例えば夏の学生生徒修養会でも、なんであんなふうに高校生たちが大勢参加するのかというと、異界体験だと思うんですよ。朝の四時半から起こされて、汗びっしょりになりながらひのきしんをしたり。それで一週間を達成して、また元の世界に戻っていくというね。

博多には山笠というのがあってね、一年間のうちに一週間だけ、たくさんの人が帰ってきて祭りをするんですね。教会の月次祭も祭りで、異界体験なんですよ。親も、おじいちゃんもおばあちゃんも、みんなが神様の方向を向いて一緒に頭を下げるという、そういう日常ではなかなか起こり得ない体験を、子どものころからさせてあげることが大事だと思うんですよね。

早樫　みんなで同じ方向を向くとか、共同で何かをやるということが、家族といえどもできなくなっているのかな。

古市　親子が何かをしようと思ったら、いまは向き合うわけでしょ。向き合うと、パワーゲームになりやすいんですよね。なかなか対等になれない。だから、同じ方向を向くためには第三の場が必要なんですね。それはサラリーマンも同じで、仕事と家だけで第三の場を作れない人というのが多いと思いますね。異質な世界、第三の場を設定するということが、すごく大きい課題かなと。

宮﨑　その役割を昔は宗教が演じていたと思うんですよ。家族で参拝に行ったり、お墓参りとか年祭とか。それがだんだんと、子どもは小さいからいいやとか、行っても分からないからいいよなどと外していって、あいつらは勉強していたらいいというような世界を作りがちだな、とも思うんですよね。子どもたちに嫌われたくないためか、または面倒くさいのか、本当に大切なことをきちんと言えない。親だけでなく、私たち宗教家も反省しないといけませんよね。

第二章

子どもを見る目

古市俊郎
Toshiro Furuichi

生まれる――魂という旅人が〝この世に宿をとる〟

「あんたはホントにバカだね」

「あんたなんか、生まれてこなけりゃよかったのに」

実の母親から、こう言われている女子中学生がいます。とても素直でいい子なのに、手首の傷あとと目に浮かんだ涙を見ると、親への憤り(いきどお)も感じます。

「親の言うことをきかない子は悪い子」「ぐずぐずしている子は嫌い」などと、条件付きで否定されたのなら、親に嫌われまいと努力する気にもなりますが、「生まれてこなけりゃよかった」と存在を全否定されてはどうしようもありません。「あんたが勝手に産んだんでしょ！」と言いたいのを我慢して、親に見捨てられないように従順な子を演じたり、じっと耐えて反撃の機会を窺ったりせねばならないのです。

親には親の言い分があるでしょう。けれど、子どもにはなんと残酷な言葉ではありませんか。この親しか頼れず、この親を信じて生きてきたのに、自分がいないほうがよかったとは……。

自分の意思で生まれた子どもは一人もいません。気が付いたら、家も親も決まっていました。子どもにとって「生」は完全に受け身の出来事です。

芥川龍之介の描く『河童』の世界では、出産が近くなると父親から誕生の意思確認が行われます。河童の子は親や社会を眺めて、こんな親のもとに生まれるのは嫌だと拒否すれば、たちまち消滅してしまいます。

でも、人間は違います。両親はもとより、国も地域も時代も性別も名前も、一切を選ぶことができません。誕生に関して、子どもの自己責任率はゼロパーセントなのです。

河童の子は「生きること」を自分で選択し決意しますので、自己責任があります。一方、人間の子どもはいつ「生きること」を選び、決意し、自分の人生に責任を持つに至るのでしょうか。

人間の発達から言えば、思春期に親から独立する欲求が生まれます。「第二の分離個体化」の時期です。思春期をうまく通過していく人は、親と離れた自分らしさのままで、「生きること」への決意（あるいは受諾）ができたと見なすことができます。

「生」の意思決定は、河童は誕生するとき、人間は「第二の誕生」と言われる思春期に行われます。

天理教の原典の一つである「おさしづ」に、「小人（しょうにん）々々は十五才までは親の心通りの守護と聞かし、十五才以上は皆めん〳〵の心通りや」（明治21年8月30日）とありますが、このお言葉は十五歳に象徴される思春期以降の自己責任について述べられているように思います。これまで養い育ててくれた親と環境を見て、

引き続き生きていくことに「イエス」と言えたなら、「生きること」を決意し、自己責任を伴った人として誕生するのです。

ところが、昨今の日本の社会には、「生きること」に素直に「イエス」と言えない子が現れてきました。物が豊かになっても心は空（むな）しく、「生」に対して逃避・退行・遮断（しゃだん）・拒絶・攻撃など、さまざまな形で「ノー」を表明する子が少なくありません。国際化や情報化が進む社会の影響で、子どもたちは多様なライフスタイル

（生活様式）や価値観にふれ、大人が思いもよらぬことを考え、行動する子も出てきています。適応障害、ひきこもり、失感情、自傷、暴力、性非行……。思春期を境にして現れる問題行動は、今後どのように拡大するか分かりません。

子どもがこの社会に適応し、この社会の一員になろうと受諾や決意をするためには、彼らが「この社会はまんざらでもないなあ」と思えることが必要です。その最も基本で大切なことは、子どもの存在を無条件で喜ぶメッセージを与えることでしょう。「私のところに生まれてくれて、ありがとう」と。

「生命が宿る」という言葉があります。子どもが生まれるのは、魂という旅人が〝この世に宿をとる〟ことだと言えるかもしれません。子どもはわが家に立ち寄ってくれた旅人です。まずは、もてなしの心をもって、居心地よくしてあげたいものです。

寝る——親は最も身近な環境そのもの

子どもが毎朝ぐずぐずして登校をしぶるので困るという話をよく聞きます。以前は、何か嫌（いや）なことがあったのだろうと心理面ばかり探っていましたが、最近ではそれが見当たらない場合が少なくありません。前の晩は元気なのに、朝になると体調が悪くなるのです。そこで子どもの一日の様子を聞いてみると、毎晩遅くまで起きている夜更（よふ）かし生活だと分かって納得することがあります。

神山潤（こうやまじゅん）氏（東京ベイ・浦安市川（うらやすいちかわ）医療センター長、小児科医）が二〇〇三年の「子どものからだと心・全国研究会議」の特別講演で発表した数字によると、夜十時以降に寝る三歳児は、日本では五二パーセントで、フランス・ドイツの一六パーセント、イギリスの二五パーセントに比べて最も遅い国という結果が出ています。

寝る前にしていることは「親との遊び」や「テレビ・ビデオ」が上位を占めています。年齢が上がるにつれて寝る時間が遅くなり、したがって起床時間も遅れます。小学四年生の二五パーセントが午前七時以降に起床するというデータもあります。目が覚めてから脳がしっかりと働くまでおよそ二時間は必要といいますから、朝ボーッとしている子や午前中は調子が出ない子がいても不思議ではありません。

子どもの寝る時間が遅くなってきた理由は、社会や親の生活の夜型化にあると思います。近年、二十四時間営業の飲食店や娯楽施設が増えています。パジャマ姿の幼児を連れてコンビニへお菓子を買いに行く親がいたり、居酒屋に子連れの若い夫婦がいたり、ゲームセンターへ繰り出す親子がいたりと、深夜近くに幼い子を平気で連れ歩く親の姿に、驚かされることがたびたびあります。

家では、帰宅時間が遅い親に合わせて食事や入浴が遅れていくので、幼児の寝る時間が遅れていきます。個室を持つ子どもたちは早くから自室に移り、自由な時間を眠くなるまで過ごして、ますます寝るのが遅れていきます。

テレビがまだ一家に一台のころ、夜九時になると「子どもの時間は終わりました」というテロップが画面に出ていました。町内の盆踊り大会では、夜九時には子どもたちを家に帰して、大人たちだけ踊っていたことも覚えています。「子どもの時間」と「大人の時間」を区別して、子どもには子どもの生活リズムをしっかりと守らせていた時代がありました。

人間の体には、外部の環境変化や不快なストレスに対する防御システムとして、自律神経系・内分泌(ないぶんぴつ)系・免疫(めんえき)系の三つの働きがあります。自律神経は、呼吸・脈拍(みゃくはく)・血圧・体温などを交感神経と副交感神経の二つ一つの働きで自動調節しています。人間身の内を律するこれらの働きは、親神様のご守護に違いありませんが、誕生時には未発達です。暑さ寒さを体験し、十分な睡眠時間や適切な食事と運動によって発達していくのです。

「第二回子育て生活基本調査（幼児版）」（ベネッセ教育総研、二〇〇三年）によると、八二パーセントの母親が、子どもに期待する将来像の第一位に「からだも心も健康な人」をあげていますが、ただ期待するだけでは実現しません。人間

として健康な体と心をつくる前に、生物としての自律の防衛システムを発達させておくことを忘れてはいないでしょうか。

教祖（おやさま）は、お道の信仰者の生活信条として「朝起き、正直、働き」を教示されましたが、これは子どもにも当てはまります。朝起きは体づくり、正直は心づくり、働きは人間関係づくりの基本を示しておられると思います。親自ら実践し、子育ての指標にしたいものです。

今日、子どもの生活が大人の生活に巻き込まれつつあります。かつて「成人病」と呼ばれた「生活習慣病」にかかる子どもも現れています。子どもの生活が、親や大人たちによって侵害されている気がしてなりません。

昔から「寝る子は育つ」と言いますが、これは間違いありません。子どもが十分に寝ることができるような生活環境をつくるのは親の務めです。親は、子どもに最も近くて最も影響の大きい環境そのものですから。

食べる――「おいしく」を目指す教育

ご飯にソーセージだけという弁当をいつも持ってくる女の子がいました。極端な野菜嫌いですが、親子関係をかなり心配しました。一年中、昼食を菓子パンで済ます男の子がいます。決して大好物というわけではありません。今日の子どもたちの食生活には、好き嫌いを超えた何か深い問題が見え隠れしているように感じます。

ある小児科医が「ニワトリ症候群」と名付けた子どもの食状況があります。ニワトリ症候群とは、子どもが一人で食べる「孤食」、朝食を抜く「欠食」、家族と同じ物でなく個別の物を食べたり、個室で食べたりする「個食」、いつも固定した同じ物ばかり食べる「固食」などを指しています。四つの漢字「孤欠個固」から名付けられました。

二〇〇五年、農林中央金庫が調べた東京近郊の小中学生の「食生活の実態」では、一人で朝食をとっている子どもが三六パーセントいて、孤食の時代を裏付けています。また、一週間のうち朝食を食べない日があるという子どもは約二〇パーセント、五人に一人の割合です（文部科学省「食生活等実態調査」二〇〇〇年）。

人間は朝食によって、眠っていた身体にエネルギーが補給され、体温が上がり、脳も活動を開始します。ところが、朝食をとらない人はエネルギー不足のまま学校や職場に行くので、集中力に欠け、イライラしたり疲れやすかったりして、作業能率や健康に悪影響が出てきます。

昔は貧しくて食べられない子が「欠食児童」でしたが、今は「親が寝ている」「時間がない」「食欲がない」などの理由で現れた〝現代型欠食児童〟です。

また、昔は食糧不足による「栄養失調」がありましたが、今は偏食や「固食」によってビタミン、ミネラル、食物繊維が不足する〝現代型栄養失調〟であり、その子たちは生活習慣病予備軍とも言われています。

こういう子どもたちには学校の「給食」が〝救食〟として役立っているものの、もっと根本から食生活を改善するための「食の教育」が必要です。

国は二〇〇五年六月に「食育基本法」を制定しました。食は人間生活の基本であり、食の教育を知育・徳育・体育の基本として位置付け、食物や栄養などに関する正しい知識を身に付けさせる「食育」を行うことにしたのです。各自治体や学校では、栄養教諭導入の動きが始まり、健康な食生活推進への授業が進められています。

しかし、こうした食育は、口から入る食べ物についての教育が中心です。見過ごしてはいけないのは、食の環境や食べ方です。例えば、人と会話をしながらの楽しい食事は最高のごちそうになる、といったことです。

世界の食文化研究の第一人者といわれる石毛直道氏（国立民族学博物館元館長、文化人類学者）は、食に関して、人間が他の動物と異なる最大の特徴は「料理と共食」にあると述べています。食料に加工を施す料理と、食料を分配する共食は、長い年月をかけてつくり上げられた人類の文化です。共食集団の単位が家族という点は世界共通ですが、料理と共食には文化の違いがあります。親が子に伝えていく最大で最適な文化の橋渡しの場が台所と食卓なのに、それがだんだんと家庭から消えていくのは悲しいことです。「食」を個人的な栄養面だけの問題と狭くとらえないで、五感全体で味わう「生」の文化の問題と幅広く考えていかなければなりません。

私たちは教祖から「まま（ご飯のこと）食べるのも月日やで」とお聞かせいただきました。親神様のご守護あればこそ、人間は生かされて生きているということです。

また、他の生物の命を「食」としていただくことに「慎み」と「感謝」の心を持ち、おいしいと言って食べるよう教えられています。この世が「神のからだ」であれば、自然の恵みに感謝していただくことは、親神様の心尽くしの与えを味わうことにもなります。

食育を受ける側の子どもたちには、将来おいしい物を食べるための勉強ではなく、おいしく食べることを目指す勉強をしてほしいものです。

みんなといつもおいしく食べようとする心掛けによって、親子共食の団欒（だんらん）が復活し、神人共食の陽気世界に近づいていけるものと思います。

住む――〝開かれた家庭〟で子どもは育つ

子牛が産まれる映像をテレビで見ました。母牛に全身をなめてもらって三十分で立ち上がりました。人間の赤ちゃんなら一年もかかることを、子牛は瞬く間にやってのけました。

動物の子どもには、牛や馬のように十分に発達して生まれるものと、未発達のまま生まれるものがあります。牛や馬の子どもがすぐに立ち上がり、わずかな期間で親と行動を共にできるようになるのは、それだけ母親の胎内で成長したからです。しかし、狩りをするライオンのように、身重では動きが悪くなる場合には妊娠期間を縮めて、早めに産んで「巣」で育てる動物もいます。

スイスの動物学者ポルトマンは、人間の赤ちゃんがとても頼りない状態で生まれることを「生理的早産」と考えました。ほかの動物並みに十分発達して誕生するとしたら、二十一カ月の妊娠期間が必要だといいます。しかし、二足歩行によって骨盤が狭くなり、頭も大きくなったので、早めに産んで外で育てるようになったようです。

母胎で十分に発育すれば、それは親神様のご守護のみによるものですが、人間が未発達で生まれるということは、あとの成長を両親に託されているということでしょうか。成熟するまで二十年近くもかかる長さは、ほかの動物と比べものになりません。人間は単に身体(からだ)の成長だけでなく、心理的・社会的にも成長する必要があるために、親子が触れ合う長い年月が必要なのでしょう。

子育ては家で行われます。安全で安心できる基地として、手厚い世話が受けられるところです。子どもは特別な理由がなければ、できるだけ長く親の保護を受けていたいと思うでしょう。その居心地があまりにも良いと自立が遅れてしまいます。

昨今、長く家にいて自立しない若者が増えてきたと問題になっています。二〇〇二年の厚生労働省の調査によれば、ひきこもり本人の平均年齢は二十七歳で、十代後半から二十代が中心です。三十歳を超えてもたいして減らず、三十五歳以上の人は一四パーセントもいました。

こうした背景の一つに、子どもが育つ家という住環境の変化があると思います。昔の家は、多世代同居型の大家族でした。生活は農耕中心で職住一致ですから、家には子育ての場だけでなく職場としての役割もありました。子どもは親の仕事ぶりを見て育ち、自らも労働力としての価値を持っていました。農作業でも家事でも子守りでも、働く経験を通して早くから社会意識が芽生えていきました。大勢の兄弟姉妹と育つ間に、外への関心が自然と高まっていったのです。

やがて社会が工業化・情報化すると、人々は職を求めて土地を離れ、職住分離型住居が主になりました。核家族や夫婦別居家庭のもとで子育てが行われ、子どもから労働力という価値も消えました。せめて親の手伝いでもしようとすると、「あなたは勉強だけしていればいい」と断られ、人の役に立つ経験も共同体験もできなくなりました。ただ親の期待だけを背負い、あとは自分のことだけに関心を持っていればいいという子どもになっていったのです。

内閣府の第二回「青少年の生活と意識に関する基本調査」(二〇〇〇年)によれば、十五歳から二十四歳までの若者の人生観は、「身近な人との愛情を大事にしていきたい」(約二七パーセント)と「その日、その日を楽しく生きたい」(約二三パーセント)の二つで全体の半数を占めています。「社会や他の人々のためにつくしたい」は約六パーセントしかありません。社会や環境問題などという公的な意識より、私的な趣味や生活を重視する若者が増えています。

人間の子育ては、親神様から託された親の〝天職〟です。といっても、両親だけで楽しく優しく育てていれば、あまりの住み心地の良さに、子どもの意識は外へ開いていきません。

せっかく親神様からいただいた子育て期間。多くの人間関係と体験を盛り込むことができるとよいでしょう。子どもの意識が世界へ開かれるよう、いろいろな社会の話題や人々が出入りする〝開かれた家庭〟で育てたいものです。

守る——安全管理の土台づくりは親の手で

「水と安全はタダ」と言われてきた日本ですが、この神話が崩れ始めました。真っ先に被害者になるのは、未熟で弱い立場の子どもたちです。交通事故、水の事故、遊戯施設や機械に巻き込まれる事故。そして虐待、暴行、性犯罪、殺傷事件と、子どもをねらった事件が後を絶ちません。

「第三回子育て生活基本調査（幼児版）」（ベネッセ教育研究開発センター、二〇〇八年）によれば、幼児を持つ首都圏の母親の悩みや気がかりの第一位は「犯罪や事故に巻き込まれること」（七三・三パーセント）で、第二位の「ほめ方・しかり方」（五五・三パーセント）、第三位「しつけのしかた」（五二・四パーセント）を大きく離しています。幼い子を持つ親にとって、子育ての質の問題より、無事に育つことに最大の関心が払われる時代となってきました。

国は防犯対策と安全教育に力を入れ始めました。園や小学校では、不審者の侵入を防ぐために校地（こうち）を閉鎖し、防犯カメラを設置し、来校者には名札を付けてもらっています。刺股（さすまた）を配備し、防犯訓練も始めました。登下校時には地域の高齢者が蛍光色の服を着て交差点に立ち、子どもを見張る姿も増えてきました。

また、子ども自身に地域の安全マップを作らせたり、防犯ベルの携帯や緊急時の対処法を学ばせて、わが身を守る意識の向上に努めています。少ない子どもを大勢の大人たちで必死に守る時代なのです。

しかし、子どもの無事を願い、最も身近で最も頼りになるはずの親が、安全に疎（うと）くなっているようです。わが国の一歳から十四歳までの死亡原因の第一位は「不慮の事故」（二〇〇四年「人口動態統計」）です。国立保健医療科学院の報告では、子どもの事故を経験した保護者の八〇パーセント以上が「少しの気配りで事故を防ぐことができた」と述べています。親の安全管理が子どもを多くの事故から守るというわけです。

実は、防犯・安全教育はいまに始まったことではなく、昔から親がしてきたことです。幼児と道路を歩くときは必ず手をつなぎ、親が車道側を歩きました。食事中にスプーンや箸(はし)をくわえたまま立つと、叱(しか)って取り上げました。多少のケガは、親が手当てをしながら不注意をたしなめ、再発防止の話をしました。夜遊びしないように怪談話も聞かせました。

子どもが成長するにつれて「渡る世間に鬼はない」や「人を見たら泥棒と思え」などと両極の価値観を示し、世間への信頼感と警戒心を教え、危険への境界線を越えないよう、わが身を守る力を付けてやりました。公共の場へ連れて行き、公私の振る舞いの違いや大人への接し方を見せるなど、しつけの随所に安全教育が含まれていました。

ある中学校の部活動での出来事です。放課後、ピッチングマシーンを調整していた女子部員の目に、突然発射されたボールが当たってしまいました。眼球が陥没し、緊急手術が行われました。病院に駆けつけた校長は両親に謝罪しました。そのとき父親が言いました。

「校長先生、学校は悪くありません。マシーンの前に顔を出した娘が悪い。危険を予測できなかった娘の責任です。それがどんなに危険かという判断力を身に付けさせなかった親の責任です」

校長は、父親の意外な言葉に胸を熱くし、「この父親の子ならたすかる！」と直感しました。果たして手術は成功し、彼女は失明を免れ、優等の成績で卒業していきました。

子どもが幼いうちは、保護者である親がしっかり守る必要がありますが、成長するにつれて、自分で自分を守る意識と危機管理能力を身に付けさせ、高めてやらねばなりません。その土台づくりは親の役目です。

そうした子どもが大人になると、個人の力でわが身を守ることには限界があると早く知るようになります。そして、人と人とのたすけ合いの大切さと、親神様によって守られている世界に気付き、他者への思いやりと敬虔（けいけん）な心をもって生きることに大きな価値を見いだしていくはずです。

見る――テレビを消して親子が顔見合わす時間を

三歳の子がいる家庭を訪ねました。居間でお母さんと話していると、テレビの前でお父さんと子どもが何やら揉めています。どうもＤＶＤプレーヤーの操作についてのようです。その子は好きなアニメをお父さんと一緒に見たいのに、お父さんの操作がもたついています。早く見たい三歳の子は自分でさっさと動かして、画面を次々と切り替え始めました。「こうしていつも好きなテレビやＤＶＤばかり見ているんですよ」というお母さんの得意げな言葉の響きが印象的でした。

二〇〇六年のＮＨＫ放送文化研究所の「幼児視聴率調査」によれば、二歳～

六歳児の一日にテレビを見る時間は週平均二時間十九分です。十年前より減ってはいるものの、ビデオを見る時間は増えています。二歳児のビデオ利用時間は週平均五十四分ですから、一日三時間以上もテレビ画面を見ていることになります。見るのは朝と、夕方から夜にかけての時間帯がもっとも多いことから、家事などに忙しい親に代わって、テレビが子守り（こもり）や家庭教師の役を担っているようです。

日本小児科学会の「子どもの生活環境改善委員会」は、二〇〇四年の調査で「乳幼児のテレビ・ビデオ長時間視聴は危険」と注意を喚起（かんき）しました。四時間以上テレビを見ている家庭、またテレビが八時間以上ついている家庭で育った子どもは、そうでない家庭の子どもに比べて「言葉が遅れる」「表情が乏しい」「親と視線を合わせない」などの発育の遅れが見られるというのです。テレビを見せれば言葉や知識を早く覚えるかと思いきや、事実は逆でした。

テレビがどうして言葉の発達を遅らせるのでしょうか。確かに、テレビを通して多くの言葉や知識を覚えるかもしれませんが、コミュニケーションに必要なのは言葉の数ではありません。テレビを長く見ていても、コミュニケーションの訓練にはならないのです。

テレビというメディアは一方通行で受け身です。しかも、視覚と聴覚という二つのコミュニケーション・チャンネル（経路）しか開いていません。子どもは前方からの光と音だけに注意していればいいのです。

でも、現実生活は違います。後ろからの音も、匂(にお)いも皮膚(ひふ)感覚もコミュニケーションには必要で、五感すべてのチャンネルを開いていなければなりません。

また、コミュニケーションで大切なのは意味のやりとりですが、テレビ番組は比較的意味が分かりやすいという特徴があります。テレビの向こう側に制作者がいて、伝えたいメッセージがあり、それが子どもにとっては、現実世界を見るよりはるかに単純で分かりやすいのです。例えば、カラスが出てくると次に不吉なことが起こると予想できたり、ヒーローと悪者を顔つきで簡単に区別することもできます。

しかし現実は違います。もっともっと複雑です。カラスを見ても不吉なことが起こるわけでもなく、強面（こわもて）の人が犯罪者でもありません。何がどんな意味を持って存在し、何と何が関連しているのか、実に分かりにくいのが現実世界なのです。その中から自分と関係あるものを選び、自分で意味をつないで、見る力を養わねばなりません。

人気の高い幼児向けの教育テレビ番組は、面白くて分かりやすく作られています。つまらないものや難解なものを無理して見る子はいません。子どもたちがこうしたものの見方に慣れていくと、いつまでも自分中心に世界を見てしまい、幼稚園や学校といった公的な場所でも私的に振る舞い、嫌（いや）なことがあればすぐに逃げ出すようになるかもしれません。

これを防ぐには、乳幼児が一人でテレビを見る状況を減らすことです。無意味なテレビ番組は消し、子どもが見るときは親もできるだけ一緒に見て、言葉を交わすことです。親ならば子育てを安易にテレビ任せにしてはいけません。

「どんな事も、成らん処育てるが親の役」（おさしづ　明治31年11月13日）と教えられる所以です。

テレビは道具。親子が互いに顔を見合わす時間を増やし、心を通わすことが何より大切なのではないでしょうか。

つながる――いじめに発展しない心

人伝(づ)てに聞いた話です。

小学校の教室で先生が質問しました。

「リンゴは何色ですか?」

子どもたちは答えました。

「あか」「きいろ」「きみどり」

やや遅れて「しろ!」と一人の女の子。みんなは驚いて、その子を見ました。

「だって皮をむいたら、リンゴはみんな白色でしょ」と答えました。

これも正解でしょう。リンゴの皮の色はいろいろですが、中味は皆、同じ白色です。なかなか良い答えでした。

人間も同じです。肌の色は違っても、身体（からだ）の中を流れる血液は同じ赤色。背（せ）丈（たけ）や髪の色や顔つきが違っても、悲しいときに泣き、楽しいときに笑い、からかわれると怒るのは皆、同じです。

小さいころからの教育の影響でしょうか、とかく私たちは自分と他者との違いばかりに目を向けがちです。全くの無知で生まれた子どもは、成長とともに知識と知恵を学び、一つ一つ分かっていきます。「分かる」ということは「分ける」ことから生じているといわれる通り、理解することは違いを区別することから始まります。知育とは、この違いを見つける能力を伸ばすことです。色の違い、大小の違い、国と国の文化や習慣の違いなど、区別できて分かることが勉強なのです。

この分ける思考は、人間関係にも及んでいきます。顔や身体の違い、運動能力の差、性格や癖（くせ）の特徴など、その人自身に関することから、家族や生活に至るまで、上手に違いを見つけます。

こうして、いつも仲間と仲間以外の二つのグループに分けて、パワーのある側に自分を所属させて安心したりするのです。

子どものいじめは、これまで何度も社会問題化してきました。最初は一九八六年に東京で起きた中学生の自殺、二度目は一九九三年の山形でのマット圧死事件と翌一九九四年に愛知で起きた中学生の自殺、そして二〇〇六年に福岡と岐阜で起きた中学生の自殺が三度目でした。事件が報道されるたびに人々は驚愕し、うろたえてきました。

文部科学省の「いじめ発生件数の推移」では、いじめがマスコミで大きく報道された後は減少傾向に転じるものの、調査の仕方によって数が抑えられていた事実が分かってきました。いじめは依然として起きていたのです。

いじめは異質性を分けるところから、その芽生えが始まります。仲間という集団の外での異質性はもちろん、仲間内においても異質な者を分けることがあります。最初は笑いの種にしていた冗談やからかいが、やがてエスカレートして、いたずらやいじわるに進み、いじめへ発展し、究極の場合はリンチに及びます。この流れを、どこかで食い止めなければなりません。

「いじめは昔からあったし、決してなくならない」「いじめられる側にも問題がある」という声をよく聞きます。こうした声が消えない限り、冗談がエスカレートしていじめに至る兆候に誰も気付かず、対応がいつも後手に回るのは避けられないでしょう。

それを止めるのは、冒頭のリンゴは白色と言った女の子のように、共通点を見る心ではないでしょうか。共通点に着目することによって、同じ側にいるというつながりを感じます。そこから仲間意識や親密さも芽生えてきます。

あるとき、教室に入れずに孤立して相談室を利用している生徒たちとゲームをしました。「ここにいるみんなの共通点を探すゲーム」です。好きなタレント、曲、食べ物、血液型、性格、夢……。一致するものを見つけるたびに、い

い笑顔が出ました。やはり、人はつながる仲間がほしいのです。

教祖は、七、八歳の久保楢治郎に、「世界は、この葡萄のようになあ、皆、丸い心で、つながり合うて行くのやで」（『稿本天理教教祖伝逸話篇』一三五「皆丸い心で」）とおっしゃいました。つながり合えば、優しい気持ちが芽を吹いてきます。

人は皆、いまここで共に生きているという共通点を持つ仲間であること、ひいては、誰もが一人残らず、親神様につながる真の兄弟姉妹であることも分かってほしいものです。

つくる——子どもの視点・神様の視点を

私たちは、長い間「子どもを授かる」と言って、授かった命を大切に育てる親の役割を意識していました。しかし最近は、「子どもを産む」「子どもをつくる」と言う人が増えてきたようです。

背景には医学の進歩があり、乳幼児死亡率の減少があります。厚生労働省の人口動態統計によれば、一歳未満の乳児死亡率は、明治四十三（一九一〇）年には千人あたり一六一・二人だったのが、昭和三十（一九五五）年には三九・八人と減り、平成十七（二〇〇五）年では二・八人と世界のトップレベルになりました。一歳から四歳までの幼児死亡率も低く、昭和三十四年の二・八一人から平成十七年には〇・二五四人と十分の一に減りました。妊娠すれば産まれて当たり前、育って当たり前の時代になってきたのです。

また不妊治療の進歩もあげられます。排卵誘発、人工授精、体外受精、代理母、精子卵子の冷凍保存など、加速する技術革新によって、子どもをつくるという感覚はますます強くなっています。

世界的に見ても、一九九四年のカイロでの国際人口開発会議、一九九五年の北京での第四回世界女性会議で、性と出産に関する問題は個人の問題、個々人の自己決定の権利であると謳う時代になりました。女性が子どもを産むことに対して政治や社会経済的な干渉や強制はあってはなりませんが、単純に子どもは個人の自由意志でつくる・つくらないものという考えが増長するとしたら心配です。

何かをつくると考えた場合、そこに目的があります。夫婦が子どもを望むときの目的について、柏木惠子氏の調査（『子どもという価値』中公新書）がありますが、そこには時代の変化が見られます。

農耕社会の昔は、子どもには家の仕事を手伝う働き手という実用的価値がありました。しかし、時代が工業中心から消費・情報化社会になると、実用的価値は薄れ、親にとっての精神的価値に重きを置かれるようになりました。家庭がにぎやかになる、夫婦の絆(きずな)が強くなるなどの情緒的価値、社会人として一人前と認められる社会的価値、子どもを産み育ててみたい、子育てを生き甲斐(がい)にしたいなどの個人的価値が親の心に生じたとき、子どもを望む理由になります。

その精神的価値というプラス要因と、子どもを育てる上での環境条件のマイナス要因とが比較されます。いくら子どもを持ちたいと思っても、経済的条件や仕事への圧迫があれば断念せざるを得ません。子どもをつくる時代ならではの、計画的な考え方です。

ところで、子どもをつくる考えの下では、子どもは被造物、親の分身です。どう育てるかは親次第。徹底して勉強させることも、ブランドの洋服で包み奇抜な髪形にして楽しむことも、プロボクサーにしようと思って過酷な訓練を課すことも親の勝手になります。

ある母親は小学二年生の息子を、ピアノ、そろばん、日本舞踊など八つの稽古事に通わせています。自分は何一つ習わせてもらえなかった悔しさから、思いつくだけの習い事をさせているのですが、息子の迷惑さや影響については気付いていません。

私たちは、子どもは親神様から授けていただくものと教えられています。

たいないゑやどしこむのも月日なり
むまれだすのも月日せわどり　（おふでさき　六号131）

授けていただくという考えでは、常に「親神様・親・子」の三者関係を意識します。子どもを与えていただいた意味と役割を考えて育てます。しかし、子どもをつくるという考えでは、「親・子」の二者関係しかなく、支配と従属の関係に陥りやすくなります。親の手中からなかなか抜け出せない子どもは、何らかの問題を起こして親の勝手になるまいと訴えてきます。

国は少子化対策に頭を痛めていますが、すでに人々は、結婚も出産もライフスタイルの個人的選択問題として見なしています。しかし、「親と成り子と成るは、いんねん事情から成りたもの」（おさしづ　明治40年4月9日）と言われるように、親子は神意による意味があって組み合わされたもの。親だけの視点でなく、子どもの視点・神様の視点を持ちたいものです。

叱る——外から眺める目を育てる

スクールカウンセラーとして中学校に初出勤した日に見た光景はいまも忘れられません。職員室で男性教師が声を荒(あら)らげていました。机のパソコンに顔を向けたままの先生が、立っている生徒に「何で叱(しか)られているのか分かるか？」と詰問口調です。「黙っていないで何とか言え！」と先生。その勢いに「僕は……」と口を開くと、「言い訳するな！」と一喝(いっかつ)。さらに重い空気が続きました。

横向きの先生と立ったままの生徒の視線は合わず、「黙っているな」と「言い訳をするな」の禁止の二重拘束。生徒がかわいそうでした。彼の心は先生や周りにばかりとらわれ、自分の非を反省するといった心の内側には向かっていかなかったでしょう。

人を叱ることは難しいことです。幼児を持つ母親の子育ての悩みや気がかりの第一位は「犯罪や事故」ですが、二位は「ほめ方・しかり方」で五〇パーセントを超えています（ベネッセ教育研究開発センター「第三回子育て生活基本調査〈幼児版〉」二〇〇八年実施）。大人であれば言葉を使って褒めたり叱ったりして理解も得られますが、幼い子どもの場合はそれができません。言いたいことが相手に届くには、言葉以上に、声の調子や表情、場の雰囲気といった非言語によるコミュニケーションに頼る割合が大きいのです。

子どもはいつも親を見ていて、自分の行為の善し悪しを親の反応によって確かめ、善悪を身に付けていきます。したがって親は、善悪の判断が分かりやすい、一貫した揺るぎない態度でいる必要があります。それで子どもは行動の基準となる価値体系をつくることができます。

近年、日本の若者の規範意識が希薄化したとよく言われます。公共の場で自

分勝手な振る舞いを平気でする人が増えています。自分自身を監視する「監視役の自分」が十分に育っていないからでしょう。心のアクセルばかり踏んで、心のブレーキを働かせることに気が付かないのです。

では規範意識、心のブレーキはどう育てていけばいいのでしょうか。この点、昔のしつけに学ぶべきことがあります。昔は、大事な話は大事な場所で行いました。子どもを真剣に叱るときは、神仏の前にきちんと正座させ、ただならぬ事態であることを感じさせてから行いました。

整形外科医で昭和大学名誉教授の森義明氏の『坐のはなし』（相模書房）には、正座は相手と真剣に対峙するときの座り方であり、胡坐は自分の内面を見つめ、瞑想や思案するときに向くとあります。将棋の棋士は真剣になると正座し、長考に入ると胡坐をかきます。

茶道・書道・剣道、道と名の付くものは正座で、座禅は胡坐です。神仏の前に正座して反省し、神仏に対峙することで、子どもは心に深く刻み込むことができます。昨今はこうした叱り方が少なくなってきました。その場ですぐに声を荒らげて叱る親を見かけますが、場を考えて、効果のある叱り方を考えるべきでしょう。

また、脳科学者の茂木健一郎氏は著書『脳の中の人生』（中公新書ラクレ）の中で、「人間は丸いものに対しては見られている感じを受け、四角いものに対しては窓のように、こちらからのぞいている感じをもつものである」と書いています。

なるほど、人間の眼、カメラのレンズ、壁の節穴は丸く、何だか見られている感じを受けます。絵画やテレビは四角で、壁の前に置けば窓ができたように部屋の空間を広げてくれます。子どもがパソコンやテレビゲームに夢中になっている姿は、四角い画面から仮想世界をのぞき、主役の気分に浸っている感じを受けます。

人間は昔から、丸い太陽や月を神様の姿として子どもに教えてきました。誰が見ていなくても「お天道さまやお月さまが見ている」と言って、悪いことをしないように戒めました。

規範意識を高めるには、子どもの心の中に、外から自分を眺める目を育てる必要があります。その目は、神様の目という、宗教心を土台にした自分自身を監視する目にほかなりません。

遊ぶ——近所の子どもたちと遊ぼう

大学で幼児教育の講義をしている先生が嘆いていました。粘土細工の実習で、「気持ちが悪い」「汚い」と言って全然触ろうとしない学生が何人もいるのです。子どものころに経験していない遊びを大人になってさせるのは骨が折れます。また、折り紙を折って、カッターをペーパーナイフのように使って切り離す作業のできない学生もいます。定規を使わずに紙の上から直接切るので線はジグザグ。本当に幼稚園教諭や保育士を目指している学生かしらと思います。

子どもは〝遊びの天才〟と言われますが、いまの社会で天才ぶりを発揮する機会や環境がどれほどあるでしょうか。時間・空間・仲間の三つの「間」が子どもから消えようとしています。

習い事やテレビを見るのに忙しい子どもには遊ぶ時間がありません。空き地や小川といった自然の遊び場は減り、遊び場は公共の場から各家庭の中へと移っていきました。その遊び仲間は同級生のヨコ型集団が主となっています。茨城大学の山口輝之氏の調査（「現代の子どもの遊びについての一考察」二〇〇五年）では、小学生の九一パーセントが四人までの仲間で遊び、そのうち三〇パーセントがほぼ一人で遊ぶと答えています。

大勢の小学生が歓声を上げて戯（たわむ）れる光景は、もはや野球やサッカーのスポーツでしか見られません。目標があって指導者のいるスポーツは本来の遊びとは違います。スポーツの嫌いな子はいても遊びの嫌いな子はいないのですから。

一九八三年に発売された任天堂（にんてんどう）のファミコン以来、テレビゲームが子どもの遊びの内容を大きく変えました。中学生の男の子たちが一人の家に集まって、それぞれ勝手に自分の好きなゲームに興じているという話はよく聞かれます。

皆と一緒にいて、たまにゲームやマンガについて話すことがいいというのですから、遊びというよりはリラックスであり休憩です。遊園地やファミレス、ドライブにまでゲーム機を持って行く子どもは、本当の遊びの醍醐(だいご)味(み)を知らないまま大人になっていくでしょう。

フランスの社会学者カイヨワは著書『遊びと人間』（一九五八年）で、遊びの種類を「競争」「偶然」「模倣」「めまい」の四つに分けました。スポーツや将棋(しょうぎ)は「競争」、じゃんけんやクジは「偶然」、ままごと・人形・仮面は「模倣」、ブランコやスキーは「めまい」の分類に属します。遊びは人間の特権ではありませんが、人間の文化は遊びから発生したものです。スポーツも芸術も芸能も、そして学問も、遊びから発展したはずです。ですから、個人の成長発達のうえにも、十分な遊びを経験したうえで、知的で文化的な素養とコミュニケーション能力が身に付いていくものと思われます。

これからの子どもたちには、教育もさることながら、遊びの時間と場所を十分与えねばなりません。でも、そう考える大人は多くないようです。

こども環境学会会長の仙田満(せんだみつる)氏の調査によれば、小さな子どもを持っていない大人は子どもの遊びについてほとんど無関心です。わが子が小学校に通っている間は子どもの遊びに関心を持ちますが、それを過ぎると勉強だけが関心事となります。近所に公園や遊び場作りの計画が立つと、うるさくなるという理由で反対する人が出ます。子どもは要求できないのですから、代わりに大人が遊び場を作ってやらねばなりません。

近年、行政の中に、安全に遊べるプレーパークを作り、遊びを教えるプレーリーダーという大人を置く動きが出てきました。いまの子どもたちを再び遊びの天才にもどすためにはそれほどの援助が必要になってきたのでしょう。

天理教の教会の持つリソース（資源）は、個人の家より広い空間があり、いつも誰(だれ)かが居る確率が高いことです。それは、近所の子どもたちが来て、楽しい場所にする機能を持っていると言えます。

子どもたちと無心に戯れた禅僧良寛（りょうかん）さん。「トンビトート、カラスカーカー」と蜜柑（みかん）を子どもの指に載せて遊ばれた教祖（おやさま）。近所の子どもたちと遊ぶゆとりの心は私たち大人にも必要です。

学ぶ――学ぶことが楽しいと思える体験を

川で釣りをしていた男の子に、木陰で読書していた若者が声を掛けました。

「君は毎日釣りをしているが、本でも読んだらどうだい」

「何のために本を読むの？」

「将来、良い仕事に就くためさ」

「何のために？」

「お金をたくさん稼ぐためさ」

「何のために？」

「お金があれば好きなことができて、楽ができるじゃないか」

「楽ができるって？　それなら俺はいま楽な生活をしているよ」

「………」

いま中学校では、これとよく似た会話を耳にします。「何のために勉強するのか」「勉強して何の役に立つのか」という質問に、「将来のため」であり、「幸せになるためには勉強しなければならない」と先生も親も説明します。

しかし、「勉強すれば幸せになれる」と思っている子どもは、今日どれくらいいるでしょうか。高学歴の医者や弁護士が罪を犯し、優秀な教師が逮捕されています。一方で、面白さやかわいさが際立つ大人がウケて、いまが楽しいことが重要視されています。目標を目の前に設定できるクラブ活動なら頑張れても、遠い先の幸せという不確かなもののためには努力する気になれないようです。

子どもの学力を国際的に比較した調査はいくつかありますが、国際教育到達度評価学会（ＩＥＡ）が二〇〇三年に実施した国際数学・理科教育動向調査によると、日本の中学二年生の数学の成績は、四十六の国と地域のうち第五位です。その一方で、数学の勉強が楽しいかという質問に「強くそう思う」と答えた中学二年生はわずか九パーセントでした。国際平均の二九パーセントよりはるかに低く、下から四番目の四十三位。楽しいと思わない割合は六一パーセントで増加傾向です。成績は上位でも、数学への興味・関心が低い国となっています。

その数学に限らず、日本の子どもたちにとって、いまや勉強は実利性や功利性を抜きには考えることができません。目先の利益や成果が見えなければ勉強に意味を見いださないのです。

こうした状況を招いたのは大人です。幼稚園や小学校の「お受験」に始まり、中学や高校入試のために早くから塾に通わせ、偏差値で子どもを区分けしてきました。勉強を苦役と感じる子どもも多いことでしょう。二〇〇六年、高校生が自宅に放火し、家族三人が焼死する事件がありましたが、医者である父親の厳重な監視と暴力によって勉強を強制されていたことが分かりました。子どもが親のために勉強する姿はどの家庭にあっても不思議ではありません。

いじめによる自殺や不登校の増加など、マスコミのセンセーショナルな報道に教育行政はすぐ反応します。学力低下が問題になると「ゆとり教育」が否定され、「詰め込み教育」が見直されようとしています。二〇〇六年に大きな問題となった高校の未履修問題は、まさに目先の利益にとらわれすぎた大人の甘さから起きたことを示しています。

子どもたちに本来大切な勉強とは何でしょうか。目先の利益にとらわれず、じっくりと考えたり調べたりして、学ぶことが楽しいと思える体験を早い年齢からさせてやることです。

二〇〇七年の国際数学五輪で、二度目の金メダルを獲得した三重県・高田(たかだ)高校二年の片岡俊基(かたおかとしき)君は、「数学は美しいから好き」「解法を覚えれば答えが出る学校の数学は面白くない」と述べています(『読売新聞』二〇〇七年八月十六日付)。

パスカルは「人間は考える葦である」と言いました。人間は小さくて弱い生き物ですが、考えることで宇宙の先まで届くことができます。考えることは楽しいこと、分かると楽しいものです。

『天理教教典』第三章「元の理」に、「六千年は智慧の仕込み、三千九百九十九年は文字の仕込み」と教えられているように、人間は知的作業を楽しむ能力を神様から授かっています。この神秘な世界から学ぶことは無尽蔵にあります。学びは楽しいと感じられる教育が必要です。

死ぬ――「死」の話を遠ざけず、親子で語ろう

「死ね！」「殺すぞ！」「殺される」。小中学生の口から簡単に出てくる言葉です。本心ではないと分かっていても、聞く者の気分を悪くする言葉です。「死にたい」という声もよく出ます。「消えてしまいたい」「どこか遠くへ行きたい」と自分の死を考えている子もいます。

人の生死は家庭を離れ、病院で行われる時代です。子どもたちと「死」はどんどん遠ざかりつつあるのに、死という言葉だけは日常会話に頻繁(ひんぱん)に使われています。

かわいがっていたペットの死で悲しむ子はいますが、多くの子どもたちはテ

レビやマンガの世界で「死」に触れます。それは暴力や事故による一瞬の「死」であり、時間経過の早い病死です。少しずつ押し迫ってくる「死」の恐怖や、別離の不安が高じてくる過程はありません。それが子どもたちの知る「死」です。

しかもテレビやマンガの「死」には、同時に死後の世界がリアルに描かれることも少なくありません。「死」は現実と異なるもう一つの世界への〝窓口〟として、何か魅力的な意味を与えています。いじめなどで現実に苦しみ未来に希望を失っていれば、一切を捨てて別の世界にあこがれる子が出ても不思議ではありません。

「死」は終焉(しゅうえん)ではなく、通過点か再出発点に思えてくれば、「死」に魔力を感じ、異常な関心を寄せる子も出てきます。昨今の少年犯罪には、こうした人の「死」に興味を抱き、一線を越えてしまった事件が続きました。

一九九七年六月、神戸の十四歳の少年が、小学五年生の時の祖母の死から人間の「死」に興味を持ち、小学生三人を殺傷しました。一九九八年には兵庫県で十九歳の少年が、通りがかりの小学一年生を死ぬかどうか試すためにマンションの六階から落としました。二〇〇〇年には、愛知県で高校三年生の男子が「人を殺してみたい」と思って、たまたま戸が開いていた家の主婦を包丁で殺害しました。

「兵庫・生と死を考える会」の二〇〇四年から〇五年の調査では、「自分が死んでも生き返る」と回答した小中学生は一〇パーセント、長崎県教育委員会が二〇〇四年に行った調査では、小中学生の一五・四パーセントが「人が死んだら生き返る」と思っていました。質問文に問題ありと信憑性を疑う人もいますが、それにしても人間は生き返るものと信じている子が少なからずいると考えてよいでしょう。

人は誰も「自分が死ぬ」という経験はできません。他人の死から「死」を考え、自分がいなくなることを想像します。その想像によって恐れや不安を感じ、

「いまここ」の現実を大切に生きようと学ぶわけです。

人類は、太古の昔から「死」に対して隠蔽と馴致（馴れさせること）で対処してきました。死体を埋めて隠し、葬送儀式に幾度も参加して馴れさせ、宗教は「死」と「生」に意味を与えてきました。今日の子どもたちには、この馴致の機会が与えられていません。

湯本香樹実氏の小説『夏の庭――The Friends』（新潮文庫）には、三人の少年が人の死ぬ瞬間を見てみたいという好奇心から、ある老人に近づき、やがて親しく交流して多くを学んでいく様子がよく描かれています。子どもにとって、身近で体験する人の「死」から学ぶ事柄は、やはり絶大なものだと分かります。

ある意味において、いまの子どもたちは〝生まれ変わり〟の教理は容易に信じることができます。しかしそれは、教祖の教えられた〝出直し〟とは違います。あの世や前世に心が奪われては、この世の「生」を大切にすることを忘れてしまいます。「いまここ」にある自分の「いのち」は過去から未来につながっている安心感の上にあることを〝出直し〟の教理が教えてくれます。

大人は「死」の話から逃げたり、「死」を隠したりしてはなりません。大切な人との別れや悲哀感にしっかりと触れさせ、「死」について一緒に考え、生き方を語る必要があるでしょう。

ポストセッション

宮崎　古市さんの文章は、本当にきちっとしていますよね。毎回データも引用されているし……。

古市　この連載を始めるときに、いまの社会とこれから先を見て、データも入れてほしいと頼まれて書きました。基本的には、親が子どもを見るときに、自分の子どもも時代に照らして見るんだろうけれども、自分の子ども時代といまの子どもたちの時代とは違うんだという、そういう見方が必要だということですね。自分を基準に考えて、いまの子どもはだらしないとか、やる気がないとか言うけれども、それには何かそうなる背景があるんじゃないかなという、全体としてそんな感じがするんですけど。

早樫　子どもというのは環境にとても左右されるからね。

古市　各話のタイトルは、動詞にこだわってみました。名詞で断定して決めつけないということですね。例えば不登校という名詞。「うちの子は不登校で」と言うと非常に断定しているけれども、どのくらい休んでいるのかを聞くと三日だったりね。だから、学校を休んでいるという、現在進行形のような動詞でものを見ると変化が起きやすいかなと、そういう面で動詞にこだわりました。

宮﨑　みんな病名を欲しがるんですよね。病名が上にきて、名前が下にくるんですね。不登校のAちゃんとか、うつの○○さんとか。そうじゃなくて、Aちゃんが不登校の状態なんですよね。だから僕は、人を見るときに「この人はこんな人」と見るのではなく、「この人はこんな時」というふうに見なさいと、看護学校の学生にもいつも言うんですよ。だって病院に入院している人は、そんないい人ばかりのはずがないじゃない。病気になって、いやいや来てるんだから。だから、いまはこんな時なんだというふうに思えば、ちょっと扱いにくい行動をする患者さんにも優しくなれるよ、とね。自分たちだって状況によって気持ちがコロコロと変わるもん。

古市　それから私は、面接のときには相手の使う副詞にもちょっと神経を使っていますね。特に、頻度を表す言葉。「うちの子はいっつも」とか「絶対に」とか、二分思考をしている人は、そういう決めつけて強調した言い方をする人が多いです。中間というか、柔軟性がないんですね。だから、「時々なのね」とか、「そういうことが多いんだね」などと、そういう言葉に切り替えてあげたりしますね。

宮﨑　ある有名な精神分析の先生から聞いた話なんですけど、形容詞をどう使うかで、面接がすごく膨らむんですよね。形容詞というのは感情なんです。名詞は感情が入らないし、冷たいですから。だから僕は、お母さんたちによく言うんですけど、「おいしいねえ」とか「きれいねえ」とか、いい形容詞をいっぱい子どもたちに使っていると、自分が優しくなりますよ、とね。本当に動詞も形容詞も大事ですよね。

早樫　この古市さんの文章には「褒（ほ）める」というタイトルがないよね。

古市　そうですね。褒められたことではないですね。

早樫　「褒める」というテーマで思い当たることはどうですか？

宮﨑　いまの若い子は、褒められるのがへたですよね。褒められたら、「全然そんなことないです」とか、「いやあ、僕なんかだめです」とか。調子のいい子はあまりいませんね。

古市　最近、職場のメンタルヘルスの研修や、教員とか保護者への教育講演会などでも、ワークをちょっと入れて褒める練習をするんですよね。一人に対してみんなで順番に褒めたり、紙に書いて読んでもらったりするんですけど、そのときに、ほかの人がどう褒めるかというのも勉強になるんですよ。そして、それがまた心地いいんですよね。気恥ずかしくてたまらないんだけど、終わったあとはみんな和んでいますね。やっぱりいま、必要なことなんですね。

早樫　子どもを褒めなさいということは、よく言われるんだけれども、「もっと子どもを褒めないとだめじゃないの」とお母さんを叱っていたら、そのお母さんは絶対に褒めることができないよね。まずお母さん自身が、褒められることが大切だろうと思うよね。

宮﨑　お母さんたちも、子育ての中で自分の魅力とかを見失っているときってありますよね。そうすると、子どもの学校とか成績とかが、自分が褒められる大きな要素になるのかもしれないですね。

古市　褒められるとどんなに気持ちいいかを、実際に体験してもらう必要がありますね。研修を含んだ講演会では、二人がペアになって、隣にいる人に自分が褒めてほしいことを伝えるわけですよ。そしてそれを聞いた人が、それぞれ自分の言葉で褒めてあげるわけです。すると、自分が褒めてほしいことを褒めてくれるから、非常に心地いいんですね。そしてそのあとで、あなたの一番気になる人、夫であるとか、子ども、あるいはおばあちゃんは、いま、どんなふうに褒められたいんでしょうね、というふうに聞くわけです。

早樫　家族で面接するときには「自分以外の家族がここ一カ月の間によく頑張ったと思えることを書いてください」と切り出すことがあります。例えば子どもは、お母さんがこんなことを頑張った、というようなことを書く。それで、今度はお母さんに、子どもはなんと書いたと思いますか、と聞くわけです。それを繰り返して、お互いにコミュニケーションを深めていくように働きかけます。

古市　書くという作業はすごく考えるし、直すこともできるし、自分の考えをじっくり吟味するという利点がありますからね。

早樫　面接場面では、子どもの言葉を待つことのできないお母さんが、子どものしゃべる前に「あんた、こうでしょ」とか、ちょっかいを出すからね。でも、書いてくださいと言うと、「あんた、こう書き」とは言えないですよね。

宮﨑　家族といっても考え方は違いますからね。こちらはこう思われたいのに、全然違っていたりするから。そのズレを時々見るのは、チェックとしてはいいよね。だから褒めてみるのはいいかもしれない。

古市　自分が思っているところと違うところを褒められても、やっぱりうれしいしね。

早樫　そうそう。人の前で褒められたら、恥ずかしいかもしれないけれど、やっぱりうれしいもんです。

古市　自分がこれでいいという自信みたいなものは、自分でなかなかつけられないよね。やっぱり他者の承認であったり、肯定的なメッセージをもらわないと、自分で自分を鼓舞したりするだけでは辛(つら)いからね。みんなから認められる、褒められるということは、どんな人でもそれを欲していると思いますね。

宮﨑　でも、そんな気持ちを持ったことのない親御(おやご)さんがいま、子どもを育てている場合が多いでしょ。だから分からないんでしょうね。褒めたら付け上がるとか、癖になるとか、自分自身が親から言われたのと同じことを言っているんですよね。天理教ではよく、「子どもは親の願い通りにはならない。親の心通りに育つんだ」と言われますけど、本当にそうですよね。

古市　子どもにやる気を出してほしいんだったら、親はもっと素直に、正直に言えばいいと思うんです。子どもがお手伝いをしてくれたら「ありがとう」、親のほうが間違っていたら「ごめんね」と。夫婦もそうです。奥さんの料理がおいしかったら「おいしいね」と言えばいいのに、日ごろ何も言わないから、いざ褒めようとしたら照れくさくて褒められないんです。でも、褒めなければいけない、なんて力まなくても、もっと自然に、手伝ってくれたら「ありがとう」、歌が上手だったら「上手だね」、「ただいま」と言えば「おかえり」と、当たり前に相手のことを認める会話が普通に家庭で交わされていれば、それでいいと思います。

第三章

暮らしと家族

早樫一男
Kazuo Hayakashi

心が育つ場所

一般的に、「カウンセリング」は「非日常」と言われます。子どもたちへのアプローチには「遊戯療法（プレイセラピー）」がよく試みられますが、このアプローチももちろん非日常的なものと意味付けています。

非日常ということをできるだけ分かりやすくイメージしてみると、カウンセリングルームという守られた「場所」の存在、カウンセリングの「時間」の確保、さらには、受容的な「対人関係」（カウンセラーとの一対一の個別的な関係）のことです。そして、非日常の担い手として、心の専門家と言われるカウンセラーが脚光を浴びているのです。一時期のブームが去ったとはいえ、カウンセラー（臨床心理士）希望者はとても多くいるようです。
しかし、カウンセラーが必要とされる時代というのは本当に豊かな時代なのでしょうか？　また、カウンセラーは心の専門家とよく言われますが、本当にそうでしょうか？

私自身は「臨床心理士」という資格を持ちながら、いつもこういった疑問を抱いています。「臨床心理士」が存在するようになって、わずか二十年余りです。人類の存在がある限り心はあり、心がある限り心の問題は存在しています。

心を癒やしたり、心の回復に手を差し伸べることができるのは、決して専門家だけではありません。心が癒やされる場所は、決して非日常でしかないというものではありません。そういう思いが、この「暮らしと家族」の文章の底流にある思いなのです。

ここ数年、相変わらず「心」や「癒やし」のブームが続いています。複雑な社会状況の中で、突然、天災や事故、事件といった出来事に巻き込まれるかもしれない、といった不安が背景にあるようです。

さらにまた、家族（家庭）・学校・地域・社会が崩壊し、人とのつながりが希薄になっている傾向が拍車をかけているのかもしれません。

もし、思いもかけない出来事に出合ったら……。

「まずは落ち着こう」と自分自身に言い聞かせてください。

そして、心の専門家でなくとも、身近な誰（だれ）かに相談してみることです。お互いの思いを「言葉」にして伝え合いましょう。信頼できる仲間は日ごろから大切にしておきたいものです。だからこそ、暮らしは大切なのです。

さらにまた、本来は、夫婦・家族が何よりも大切な存在であるはずなのですが……。

さまざまな事件や出来事を通して、「心は暮らしの中で育つ」のだなあと、あらためて感じています。

さらに言えば、豊かな暮らしの中で豊かな心が育ちます。そして、暮らしは家族に支えられています。家族の豊かさが心を豊かにすると言っていいかもしれません。もちろん、ここで言う豊かさは経済的な豊かさではありません。

家族お互いが相手のことを心に掛ける、毎日の暮らしの中で「ありがとう」「ごくろうさま」の感謝とねぎらいの言葉を掛ける、他者の健康を祈る、いまを感謝し喜ぶ等々、暮らしの中でできる小さな積み重ねが、大きな変化へとつながっていきます。小さな心遣いが豊かな心を育てていくことにつながります。

何げなく暮らしている毎日の中に、子育てに迷ったときの「ヒント」が交じっているという思いから、「暮らしと家族」としてまとめてみました。

「暮らし」という言葉は、「生活」という言葉より生活感があふれているような気がして、好んで使っている言葉です。

一人ひとりの小さな変化の積み重ねが、家族や地域社会を動かす原動力になり、「陽気ぐらし」につながっていくことを願っています。

健康な心は「三つの宝」で

「ところで、睡眠や食欲はどうですか?」

不登校の相談をはじめ、相談場面ではこのような質問をよくします。このような問いかけは心の相談場面だけとは限りません。例えば、小児科などでもよく経験します。また、子どもだけではありません。大人の場合でも同じです。年齢を問わず(幼い場合はなおさらなのですが)心身の不調は、睡眠や食欲といった、暮らしていくうえでは欠かすことができない基本的な生活面に表れるものです。睡眠や食欲の好不調は、心身の状態を表すサインなのです。

不登校の子が学校に気持ちを向け始めたとき、あるいは、非行と言われていた子が落ち着き始めたとき、注意して見ていると、小さな変化の第一歩は一日の始まりから起こっています。例えば、昼夜逆転の生活が変わり始めます。ということは、学校へ行くとか行かないということは別にして（行っても行かなくてもよいから）「生活リズムは整える、崩さないでおく」ことが大切だと言えます。大きな変化を見越した第一歩にすることもできます。心が変わるから行動も変わるとも言えますし、行動が変わるから気持ちや思いも変わるとも言えるのです。

「子どもの心の居場所」「心を育てる」ということが強調される時代になりました。相談現場から見ると、できるだけ普通の暮らしをすることが何よりも大切なのではと痛感しています。

では、普通の暮らしとはどんな暮らしなのでしょうか？　現代社会の中で、親は子どもたちが、どんな暮らしをするように心掛ければいいのでしょうか。

私はその答えを、教祖（おやさま）のお話の中の「三つの宝」に見つけ出しました。「朝起き、正直、働き」です。子どもたちは、安定した暮らしの中で、心身ともに成長し、そして社会（他者）とのかかわりの中で、豊かに育っていくのです。

尊敬している児童精神科医が次のように語ってくれたことがあります。子どもは「家庭、自分、社会」の三つの中のどこかに居場所を確保していることが大切であると。

「朝起き、正直、働き」の三つのキーワードを、現代社会と重ねて考えてみました。

「朝起き」というのは、毎日の安定した生活リズムにつながるキーワードです。二十四時間、昼夜の境界がない社会だからこそ、いま一度、家庭の中での生活の基本に立ち返ることが必要なのかもしれません。

「正直」というのは、自分に対する心の持ち方につながると考えることができます。最近の子どもたちは自己肯定感が希薄と言われています。自分にすら、ＯＫを出せないのです。人に対しても自分に対しても「正直」であること、そ

んな「正直」な自分にＯＫを出せること（親からＯＫが出ていること）、これが自分の心の中に居場所があるということにつながると思います。

「働き」は「はたはたの者を楽にする……」という言葉のように、他者との関係性やつながりの中に自分の居場所があるということの実践と言えるでしょう。家庭での手伝いをはじめ、人の役に立っているという喜びや実感が、いまほど必要な時代はないでしょう。

子どもは「家庭、自分、社会」の中のどこかに居場所があることによって元気になれます。まずは、家庭の中から「朝起き、正直、働き」の教えを実践することが、子どもの健康な心を育むことにつながるという自信を持ってのぞみたいものです。

もちろん、夫婦の安定が基礎であることは言うまでもありませんが……。

「き・め・る」——家族の中の決定

「お子さんのお名前は、どのようにお付けになりましたか?」

「自分の名前がどのように付けられたか知ってる?」

初回の面接では、家族の紹介が終わった後、このような質問から始めることがよくあります。

拓也(たくや)君の場合は、
母「知り合いの姓名判断の人に頼みました」

父「いや、私が考えました。家内は産院でしたから……」

母「三つほど、良い名前があったんですが……」

父「いや、二つです」
——というかたちで話題が展開し、あっけにとられてしまいました。名付けという同じ体験や出来事を共にしているはずなのに、歯車が噛み合っていません。当然、このご両親の間のズレは、その後も何かにつけ生じています。まずは、その点の修復から始めたことは言うまでもありません。

名付けにまつわるエピソードは、さまざまです。祖父母や両親の名前を一字もらうという場合もあるでしょう。誰かにお願いして付けていただくという場合もあります。タレントの名前や、その時に流行した名前も見られます。結婚前の恋人の名前だったというケースもありました。最近では、どのように読むの？　と戸惑うこともあります。

名付けを取り上げる理由の一つは、家族の「決定」の仕組みの一端が分かるからです。家族はその家族なりの決定の仕方で暮らしています。その決定の仕方は、問題に対しての取り組み方とも共通していると言って過言ではありません。

私たちの暮らしは、決定や選択の連続です。家族にまつわる非常に大きな決定である結婚（配偶者の選択）が「夫婦」になることを誓う最初の一歩とするならば、子どもの誕生に続く名付けは、親としての最初の重要な共同作業です。「二人の心を治めなさい」と教えていただいています。また、「心を定めること」が第一である」とも。子どもの名前を自分たちで考えるにせよ、誰かにお願いすることを決めるにせよ、夫婦が心をそろえ、互いに納得して「決める」ことが何よりも大切です。

最近は、〝できちゃった婚〟〝おめでた婚〟が増えているとか。

このような場合、二人の結婚への熱い思いや決心よりも、子どもを授かったという事実が先行してしまう可能性があります。もしも、このような事態を迎えた場合、その後のさまざまな選択場面においては、常に「夫婦二人がしっかりと相談して決める」「心を定める」ということを意識しましょう。

何事も、事実を追認するようなかたちで、なんとなくあいまいに過ごしてしまったり、周囲の雰囲気や流れに引きずられてしまうといった風潮のなかで、「心を定める」ことがおろそかになっているのではと気になっています。

親と子の間——世代間の境界線は？

「場面緘黙（かんもく）ではないかと思われる児童がいます。中学入学後のことを考えると、どうしたらよいでしょうか……」とのクラス担任からの電話で相談が始まりました。

「実は、小学校入学以来、各担任も同級生も、ほとんど声を聞いたことがありません。最初のころは、おとなしい男の子と受け止めていたのです。でも、授業で順番に当てるときなどには、担任のほうが、どうしたものかと困ってしまうのです。高学年になれば変わるのではと期待していたのですが、ダメでした。家では、まったく問題なく会話をしているとのことで、これまでは心配されていませんでした。最近になって、中学に入っても、うまくやっていけるだろうかと、家族も心配されています……」

「一度、ご家族に来てもらってください」

「分かりました」

二カ月ほどして、やって来たのはお母さんでした。

「家族は中一になった息子と二歳上の姉、それに父親です。姉は丈夫な子で、これまで大きなケガや病気をすることもなく、気になることは何もありません。息子は小さなころから喘息（ぜんそく）があり、ひどいときは夜中に病院に走ったり、何日か入院したりということがたびたびでした。でも、わがままを言ったりせず、我慢強い子、良い子です。喘息の発作がひどいときには、かなり苦しみます。それが辛（つら）くて、いつも気に掛けています。特に、夜中によく起こるものですから……」

「夜に喘息発作が起こったとき、最初に気付かれるのは？」

「もちろん、私です。二階の同じ部屋で寝ていますから……」

「お父さんは?」

「主人はあてにできません。夜は遅く、朝は早いので、下の部屋で寝ています。

それが、何か……」

「息子さんは、自分の部屋が欲しいというようなことは?」

「姉は小学校高学年の時に言いまして、部屋がありますが、息子は特に……。

喘息のときには辛いので、私と一緒のほうが安心なようです」

「ほかに心配なことは?」

「実は、最近、登校を渋るようになりまして……。でも、このことは、まだ主人には知らせていないのです」


お母さんの話を聞きながら、この家族のことを考えてみました。喘息という要因があるためか、お母さんと彼との距離はかなり近そうです。それは、生活レベルでのほかのエピソードからもうかがわれました。もちろん、心理的な距離も同様です。

親と子の間には、（目には見えませんが）適度な「境界線」があると考えられます。世代間の境界線があいまいだったり、逆にかなり硬い場合には、問題が起こりがちです。一般的には、過保護とか過干渉ということがありますが、このように、「世代間の境界線」があいまいだという見方（考え方）をします。そして次には、「世代間の境界線」を適度に守るにはどうしたらよいかを考えます。

家族に働き掛けるプランは少なくとも三つ浮かびます。

一つ目は、お母さんと息子さんとの距離を遠ざけるプランや助言。

二つ目は、お父さんと息子さんとの距離を近づけたり、父子の時間をつくったりするプラン。

三つ目は、夫婦を近づける働き掛けです。

次回からの家族面接では、実現の可能性が高いと思われるプランについて働き掛けてみることにしました。

親と子の関係あれこれ

「親と子の関係」といってもいろいろあります。少なくとも、父と息子、父と娘、母と息子、母と娘、と四つに分けることができます。

それぞれの関係の中には、ほかとは違う微妙な要素が交じっています。例えば、性別の組み合わせ。また、親子双方の年齢によっても、その関係のあり方は変わってきます。

昨今であれば、離婚や死別後の家庭、また、再婚家庭（義理の関係）といったように、家庭の基盤（背景）を考慮することも必要になってきました。

母と息子の関係で起こる典型的な例は、前回、「世代間の境界線」というキーワードでお伝えしました。いわゆる、母子密着パターンでした。

今回は、母と息子以外の親と子の関係の中で、一般的に起こりそうなことを考えてみましょう。

父と娘の関係からは、どのようなことが浮かびますか？

まず思い浮かぶのは、「父親は娘をとてもかわいがる」ということでしょう。よくあるパターンですね。まれに、「いつまでも父と一緒にお風呂に入っていた」なんていうことを聞きます。

しかし、一般的には、娘は思春期に入ったころ、父親から離れていくようになります。子どもが思春期に入ると、親から心理的に分離・自立していくという意味では、母と息子の関係も同じです。

さて、次は父と息子です。こちらの関係は、どのようなことが思い浮かびますか？

相談事例から思い浮かぶのは、父親と息子のコミュニケーションがうまくいかないというパターンです。じっくり話を聴いてみると、お父さん自身が自分の父親とうまくコミュニケーションできなかった、ということがたびたびありました。家庭内のコミュニケーションをどのように築いていくかは、「父親」に共通の課題なのかもしれません。

一方、母と娘との間では、言葉だけでなく、言葉以外のコミュニケーション（身なりや服装など）が成立しやすいようです。母と娘が買い物に一緒に行く姿は、すーっと浮かんできます。

父と息子が一緒に行動するのは、どのようなことがあるのでしょうか？「子どもが成人になったら一緒に酒を飲むことができれば……」といった姿に落ち着いてしまうのでしょうか？

母と娘の間は心理的に近づきやすいのかもしれません。ということは、一方で心理的な反発も起こりやすいかもしれません。しかし、いずれにせよ、母と娘の間では何かのやりとり（コミュニケーション）が頻繁に起こりやすいと言えるでしょう。

家族と出会うときには、「親と子の間で起こりそうな一般的なことがら」に、まずは思いを巡らせます。話を伺いながら、「一般的ではないなあ、珍しいことが起こっているなあ」と思うことがあります。

そのときには、「家族には、それなりの事情があるのかもしれない」と受け止め、理解するように心掛けています。

家族の中での呼び方

私の父は、五十三歳になる直前に亡くなりました。私はおかげさまで、その年齢を超えることができました。

父の思い出といえば、お酒にまつわることが中心です。いまとなっては懐かしい気もしますが、幼いころは、ほとんど良い思いをしなかったものです。

父は酒に酔えば、「おかあちゃん、おかあちゃん」と口癖（くちぐせ）のように言っていました。

さて、いろんな家族に出会うようになって気が付いたことがあります。当たり前のことかもしれませんが、呼び方にもそれぞれの家族の特徴があるということです。

新婚時代の夫婦だけのころ、配偶者をお互いにどのように呼んでおられましたか?

一般的には、子どもの誕生(前後)を機に、夫婦の間でも「おとうさん」「おかあさん」、あるいは「パパ」「ママ」に変わることが多いのではないでしょうか。夫婦という二者関係が、子どもを含めた三者関係になるといった構造的な変化が、呼び方の変化につながるのは自然なことでしょう。呼び方は「関係」を表しています。

しかし、子どもが生まれても、本来の夫婦関係が変わるわけではありません。夫婦間では、これまでと同じような呼び方をされる場合もあるでしょう。一方で、子育てモードに入った途端、いつでもどこでも「おとうさん」「おかあさん」になってしまうこともよくあることです。「親役割」が中心になってしまっているのかもしれません。

子どもから親への呼び方についてはどうでしょうか。父親に対しては「おとうちゃん」「おとうさん」「パパ」「おやじ」とさまざまです。母親についても同様で、「おかあちゃん」「おかあさん」「ママ」「おふくろ」……。

さらに、子どもの成長に合わせて、親の呼び方が変わることもあります。子どもはいつから「おやじ」「おふくろ」と呼ぶようになるのでしょうか?

また、第三者がいるときや第三者に対して使うときには、家庭内での呼び方と違うということもあります。

呼び方から家族や親子の距離間をイメージしてみることも面白いかもしれません。

家族の成長に従って、家族お互いの関係や呼び方が変化するのはごく自然なことでしょう。そして夫婦は、もう一度二人に戻ります。そのときには、お互いをどのように呼ぶのでしょうか?

呼び方はその家族の文化です。それだけに、時には違和感を覚えることもあるかもしれませんが、家族関係を理解するエピソードの一つとして、興味深いものです。

あらためて、冒頭の話に戻ります。

私は長い間、父の「おかあちゃん」という言葉は妻、つまり私の母を呼んでいるものと思っていました。しかし、父自身の母親をも呼んでいたのかもしれないと気が付いたのは、家族の勉強をするようになって、私自身の家族の元をたどるようになってからのことです。

父は三歳で父親と死別、幼いころに母親とも別れていますから、永遠に「母なるもの」を求めていたのかもしれません。

家族のつながり――寝食は？

先日、ある新聞に「夫婦の寝室、別志向　三五パーセント」という記事が載っていました。ちなみに「居住スペースがあれば、夫婦の寝室を別にしたい」と考えている人が三五パーセント（回答四〇七人中）に上り、実際に別にしている人は全体の一四パーセントという数字が出ていました。

なぜ、この記事に目をとめたかというと、家族の具体的な暮らしを面接の中で話題にすることがよくあるからです。

私たちは、自分の育った家庭や、いま暮らしている家族をベースに家族としての暮らしのイメージをつくります。そして、その暮らしのイメージを「普通」

「当たり前」と考え、他の家族も自分たちの家族と同じスタイルで暮らしていると考えてしまいがちです。しかし、実際は驚くほど多様なものです。暮らし方は、さまざまなのです。

一日の動きを聞くことから、その家族を理解（イメージ）することができます。ビデオテープを再生するような感じで丁寧にたどっていくと、イメージしやすくなります。

「朝食はどのようですか？　誰と誰が一緒？」「朝、自宅を出ていくのはどのような順番ですか？」「帰ってくるのは？」「夕食は？」「お風呂は？」「就寝は？」「部屋の使い方は？」など、具体的な動きから家族のコミュニケーションが自然に浮かび上がってきます。

家族は五人なのに食卓のいすは四脚しかなかった家族。核家族四人の冷蔵庫と祖父の冷蔵庫は別といった三世代家族。父が食卓に座る際には絶対に同席しない息子。父が廊下で寝ていた家族。中三の息子と母が同じ部屋で、父は別の部屋で寝ていた家族。父と中三の息子が一つの布団で寝ていて、洗髪も父がしていた家族……。驚くことばかりでした。

個室から個食へ、そして孤食の時代へというように、家族の暮らし方も大きく変化しています。単身赴任も少なくない時代となりました。しかし、時代の変化の中にも、やはり変わってはならないことがあるでしょう。その中の一つが、「夫婦そろって……」という教えではないでしょうか。

時間や体験を共有すること（しようと心掛けること）によって、夫婦のコミュニケーションは維持されていくものです。一方で、同じ時間や体験をしているつもりでも、夫婦や親子の心はそれぞれ違うのですから、受け取り方もさまざまです。だからこそ、夫婦のコミュニケーションを維持しようというお互いの心積もりが大切なのかもしれません。単身赴任などの場合、工夫されているご夫婦もあることでしょう。

具体的な暮らし方（行動）の中に、「夫婦のつながり」具合が自然に映し出されます。それを最も敏感に感じ取っているのが、一緒に暮らす子どもたちではないでしょうか。

三世代家族――安心して航海できますか？

「一緒に住んでいるご家族全員でお越しください」

このような働き掛けは、三世代家族の場合でも同じです。当然、祖父母にもお会いすることになります。初めての面接は、いつもの通り、ご家族の紹介から始まります。

「どなたからでも結構ですので、ご家族の紹介をお願いします」

しばらく沈黙が続きます。突然、祖母が口を開きました。

祖母「節子（せつこ）といいます。七十一歳になりました。きょうはお世話になります」

母「満七十歳ですよ！」（とがめるような口調である）

父「数えでは七十一歳」

母「満七十歳です。こんなときは満で言うものです。七十歳！」

　母は自分の言ったことを引っ込める気配はありません。仕方なく父が紹介を続けます。

父「父親の純一（じゅんいち）です。この名は父が付けました。父が亡くなって八年目になります」

母「いいえ、〇〇年に亡くなったのだから、丸十年です。亡くなる前は主人の両親とは別に暮らしていました。四人家族でした、四人家族。私たちがいまの家に引っ越して一年足らずで父が亡くなりました。それで、おばあちゃんを引き取って、一緒に住むことになりました」

以下、母が会話の中心となりました。父や子どもの代弁をするときもあります。しかし、にぎやかな母が、唯一、下を向いて静かになるときがあります。それは、祖母が話しているときです。祖母はしっかりとした口調で話ができます。当然、母が祖母の代弁をすることはありません。

家族のメンバーが増えるとコミュニケーションは複雑になります。しかし、家族の様子を丁寧(ていねい)に見ていると、家族の特徴が理解できます。

「家族の中の決定(権)は誰(だれ)にあるのだろう」
「各世代の境界(線)はどのようになっているのだろう」
「家族、特に横のつながりはどうだろう」
と考えてみるのです。

家族の人数が多ければ多いほど、このように考えてみることです。

この家族の場合はどうでしょうか?

決定権については母と祖母が競い合っているように見えます。祖母と母を調整するといった点で父の役割は不十分と言えるかもしれません。あるいは、両親(夫婦)のつながりやチームワークも弱いと言えるでしょう。

この家族を船に例えるなら、「船頭多くして……」でしょう。家族を仕切ったり、まとめるといった役割があいまいで混乱しています。また、船長と機関士、乗組員のチームワークもバラバラです。これでは嵐(家族が遭遇する問題)に立ち向かったり、乗り越えることは至難の業になります。もちろん、乗客(子ども)は安心して、居心地よく乗っていることはできません。次回以降の面接では家族の課題に取り組むことになりました。

初めての出会いは家族のいろんな特徴を教えてくれます。

「親」の手本は？

小さなころ、自転車に乗れるようになるまで付き合ってくれた父の思い出があります。また、当時は珍しかった軽乗用車によく乗せてくれました。私自身の子育てを振り返ってみると、父が私にしてくれたのと同じようなことを繰り返しているようです。いや、父とのかかわりの中で学んだことしかできないと言ったほうが正しいかもしれません。

中学二年生の二男のことを相談に、予約もなく母親がやって来ました。家族は二歳上の兄と、三歳下の病弱な弟との五人家族です。父親は人事関係の部署で仕事をしており、帰宅はいつも深夜です。弟の入院や通院などは、母が一人で頑張ってきました。

二男の不登校については、「学校から連絡があり、初めて気が付いた」とのこと。面接での慌てた様子の母親に対して「次は父親も一緒に来ること」を課題にしました。

面接に参加した父親をねぎらった後、「子どものころ、お父さんにしてもらってうれしかったことは、どのようなことですか？」と尋ねてみました。すると、「私が小さなころから父は病気がちだったので、何かをしてもらったとか、うれしかったといった思い出はありません」と答えました。

母親が横から「結婚前から、お父さんのことは聞いていました。でも、お父さんとのやりとりの体験がないというのは初めて聞きました。腑に落ちることがあります」と言葉をはさみました。母親によると、子どもとうまく遊べない夫のことが、以前からとても不満だったとのことです。特に、母親が疲れているときなど「なぜ、遊んでくれないのか」と思ったことがたびたびあったと言います。

母親は「自分の父との体験がなかったのですね。父と子の遊び方を知らなかったのですね。遊べなかったのも無理ありませんね」と、目から鱗（うろこ）が落ちたようでした。そして、「子どもがまた同じようにならないように、夫にも協力してもらい、父と子が一緒にできることを考えてみたいと思います」と付け加えました。これまでは、「何もしてくれない！」と、時に厳しく非難されていた父親も、穏やかな表情で聞いていました。働き掛けが変われば、結果も変わります。母親はそのことに気付いたようでした。

仕事には、多くの場合、マニュアルやモデルのようなものがあります。父親はそれに従って、有能なビジネスマンでいることができました。一方、「親」や「父」としてのモデルは、自分が育った家族の中から見いだすことが多いものです。自分が体験したことを繰り返しているのです。言い換えれば、自分の中にインプットされていないことにチャレンジするというのは、なかなか大変なことなのです。

モデルとは、「手本」であり、「ひながた」です。あらためて、モデルの大切さを痛感します。また、子育てを通して、自分のレパートリーを増やすように心掛けたいものです。

私の場合は、中学生以降、父とのエピソードはほとんど思い出にありません。父自身、小さなころに父親を亡くしているので、どのようにかかわってよいか分からなかったのかもしれません。父の課題は、私の課題にもなっています。

父親の席

小学生の姉妹二人が共に不登校との相談で、家族と会うことになりました。面接者が「解決したい問題は？」と尋ねると、両親は「一日でも早く登校してほしい」との答え。子どもたちに聞いてみると、姉のほうが「友だちの家のように、家族みんなでごはんを食べたい」と答えました。

娘さんの言葉を父親に確かめると、「私は商社の支店長代理をしているので、子どもたちと一緒に食事をする機会はめったにありません。休みの日も家にいないことが多いですね……。妻とは職場結婚ですから、理解してくれているのですが……。子どもたちの受け止め方は違うのですね」と、子どもの言葉が意

外なようでした。

この姉妹の不登校の原因が、「家族一緒に食事をしないこと」かどうかは分かりません。しかし、その小さな望みを解決することが不登校の解決に結び付くかもしれないと考え、食事の場面を取り上げてみることにしました。

まず、五人全員で食事をする場面の確認です。面接の場で、いつもの食卓での座り方を再現してもらいました。図のようになりました。次は、朝食風景です。朝早く出て行く父に、母が付き合って座ります。その後は、祖父、姉妹がそれぞれの都合の良い時間に一人で食事をします。昼食は母と姉妹でとることが多いとのことです。

最後に、父がいない夕食風景の再現です。四人の様子を父は離れたところから見ていました。すると、祖父が父（息子）の席に座りました。

この風景を見た父の思いはどのようなものだったのでしょうか。面接の最後に、突然、父から「明日から、朝早いけれど、朝食を家族一緒にしよう」という提案がありました。

そのときは戸惑いの表情を示していた姉妹も、いまでは朝食の時間を楽しみにしていると、後日、母は語ってくれました。

実は、父は中学生のころに母親を亡くし、その後は父親である祖父に育てられました。結婚後も、祖父は父のことを「ぼくタン」と呼んでいたとのこと。会社では有能な人ですが、家に帰ると息子になってしまう父に、母は結婚以来どことなく違和感を持ち続けていたと言います。子どもたちも「ぼくタン」と呼ばれる父を見て育ちました。

今回、姉妹の不登校を機会に、父は「父親としての役割」の確立を自ら提案し、実行したと言えるかもしれません。親として育つ機会（大切な節目）を子どもが与えてくれたと言うこともできるでしょう。姉妹が徐々に登校を始めたことも父には自信になりました。

現代こそ、子どものことを通して、親は「親として育っていけるかどうか」が、あらためて問われている時代ではないでしょうか。

父親復権——夫婦への宿題

三世代家族の場合、初回の面接から嫁姑（しゅうとめ）の微妙な関係が見え隠れすることがよくあります。そのような嫁姑関係の裏には、夫婦関係の不安定さが潜んでいます。

以前に紹介した三世代家族（169ページ）にも、このような危うさが感じられました。そこで、各世代の様子を確かめるために、子ども、父母、祖母の三世代に分けて話し合いをしてみました。

子どもたちは、親への注文などについて楽しそうに語り合うことができました。祖母も面接者を相手にして、これまでの苦労話に花を咲かせました。

問題は父母（夫婦）間のコミュニケーションです。母親が子どもの不登校について一方的に話をします。一方、父親はうんざりした表情で「原因が分からない」という言葉を弱々しく繰り返すだけです。そればかりか、妻の勢いに押され気味で、声が小さくなっていきました。もちろん、夫婦の呼吸はまったく噛(か)み合いません。不登校の問題を抱えている息子は、心配そうな視線を父母に投げ掛けていました。

父母への提案は「週一回、夫婦だけで外出すること」、息子への提案は「両親が外出できるように声を掛けること」としました。また、家族への提案は「次回から、面接室に置いているいすの中から少し立派ないす（父親のいすと名付けました）を選び、用意すること」です。

次回の面接では、母親が高校生の娘に指示して父親のいすの用意をしました。しかし、「夫婦の外出」は夫の仕事や妻の用事などが重なり、半分しか実行できていませんでした。「これまでの夫婦のパターンが、そんなに簡単に変わるはずはないなあ。すぐに変わるのを期待すること自体が無理だなあ」という思いが頭の中をよぎったときのことです。

「家のことは私たちに任せておいて、夫婦で出掛けてもいいのに……。よその家では、してはるよ！」。娘が好意的な姿勢を示しました。

「若いころから、仕事しか知らんしな……」「でも約束やから……」。いすの影響もあるのか、夫の言葉には力が感じられます。何とか外出を実行するつもりのようです。

ところが、妻は「どこか行ったら、しんどい、しんどいって言うし……。一緒に出掛けても面白くないし……」と、二人で出掛けようと思っているのかいないのか分からない口ぶりです。

「二人とも、楽しくやらんとボケるで……」という娘や息子の声に支えられて、とにかく、もう一度、「夫婦で外出」にチャレンジすることが決まりました。

その後の面接では、父親のいすを妻が用意するようになりました。

「毎回、面接の話題のために、外出先を選ぶのも大変ですわ」と笑いながら、外出の報告が始まります。夫婦が顔を見合わせるという様子もたびたび見られるようになりました。

「お父さんは、子どもやお母さんの話題に合わせたり、冗談も通じるようになった。弟も気が楽になったのか、元気になって、明るくなってきた」と娘。

「夫はいろいろと私の話を聞いて、あれこれと助けてくれるようになりました。おばあちゃんのことも少し余裕を持って見ることができています」と妻。

「きょうで、このいすともお別れですわ」。父親の一言がとてもさわやかに聞こえました。

親の代わりをする子ども

レナは中学三年生。七歳下の弟がいます。父は開業医であり、母は看護師として父を手伝っています。

「お恥ずかしいことなのですが、レナの夜遊びや交友関係が気になり始めたのは最近のことなのです……」と母親は語り始めました。

「いまから考えると、一年生の三学期から、帰宅が遅かったり、長電話が続くということがありました。しかし、二年生の二学期の終わりごろ、担任の先生から様子がおかしいと指摘されるまで、特に気に掛けなかったというのが正直なところなのです」

「幼児期からピアノやスイミングなどに通わせました。夫も私もとてもかわいがりました。ちょうど弟が生まれたころ、夫は父親の後を継いで開業医となりました」

弟の誕生をとても喜んだレナは、母親の育児を積極的に手伝ったようです。母も父の仕事の手伝いをしなければならず、実際、ずいぶん助かったようです。

「お母さん、とても助かるわ。レナはとても良い子ね」

父親や祖父の期待は弟に移りましたが、母親の言葉はレナの寂しい気持ちを紛らわせる役割を果たしたようです。おむつの交換やミルクの調合など、とてもよく手伝いました。その後も食事や着替え、入浴の世話から、保育園の送り迎えもやってくれたといいます。

親に代わって、その役割を果たす子どもの働きを「親代理」と言います。親を手伝うことは決して悪いことではありません。しかし、何もかも子どもに任せてしまうことは好ましいことではありません。

親には親としての責任と役割があること、親の役割に子どもが侵入すること で両親のチームワークを乱してしまうこと、子ども同士の子どもとしてのつながりが弱くなること、何よりも親子関係がいびつになること、などがその理由です。

レナは育児に参加し、親代理の働きをすることによって「良き姉」としてのポジションを維持し、母親の関心を自分に向けておこうとしたようです。ところが弟が大きくなるに従い、そのような役割を発揮する場面は少なくなっていきました。母親の関心を引きつける材料がなくなってきたというわけです。そして、レナの心の中には「寂しさ」が広がっていったようです。

『役割でなく存在として、無条件に受け入れてほしい』という素朴な願いを子どもは持っています。

「母子二人で相談に通ってみます。それで、うまくいくかどうか分かりませんが、レナと一緒の時間をつくることから、あらためて親子関係を築き直してみたいと思います」

レナの寂しさに気が付いた母とレナの定期的な相談が始まりました。

家族いろいろ、きょうだいもいろいろ

「家族そろって相談の場にお越しください」

「えーっ、相談をお願いしたい子ども以外も一緒にですか？」

「きょうだいがおられるなら一緒に来ていただきたいのですが」

「そうですか……。分かりました。声を掛けてみます……」

このようなやりとりを経て、実際に、きょうだいが参加することもあれば、そうでない場合もあります。きょうだいが参加したのは初回だけの家族、まったく来なかった家族、毎回参加した家族など、実にさまざまです。きょうだいの参加形態を通して、家族の特徴が見えます。

「他の子ども（きょうだい）は連れて来たくない……」と、相談そのものを子どもに伝えていない家族もありました。また、まったく何も説明しないで、きょうだいを連れて来た家族もありました。

どの程度事前に説明するかは、子どもの年齢や問題にもよるでしょう。どれがよいとは一概に言えないかもしれません。

「きょうだいを連れて来ることについて、家族（親）でどのように話し合われましたか？」

「きょうだいへの説明のときに、誰（だれ）がどのように話されましたか？」

きょうだいの参加に関して、家族（親）の中でどのようなプロセスがあったのかを確かめることによって、親の価値観や子どもとの関係性など、家族の特徴を理解しようとします。

「実はこの子も心配なのです」

問題になっている子どもだけではなくて、その他の子どもも気になるからと

連れて来られた家族もありました。

相談場面は、「会ってみなければ分からない」「丁寧(ていねい)に話を聴いてみなければ分からない」といったことの連続です。家族はいろいろであり、お会いするたびに新しい発見があります。

相談時、問題解決に向けて担当者を助けるような働きを、姉がしてくれたことがありました。それも、いくつかの家族（相談）で起こったことでした。

「家族そろって食事をすることがない。弟も寂しく感じていると思う」

「両親が言い争っている姿は見たくな

いのとちがうかな……」等々。

このような姉のメッセージをきっかけに、家族が変化し始めたのです。弟の症状（問題）の翻訳を姉がしてくれたと言えます。家族のことを思うきょうだいのチームワークが、親チームの活性化を促すきっかけになったようです。

家族、きょうだい、本当にいろいろです。これからは、ますます多様になっていくかもしれません。しかし、限りなく多様であるからこそ大切にしたいことがあります。

それは、夫婦、子ども（きょうだい）、祖父母といったそれぞれの世代間のまとまり（チームワーク）と、家族全体の適度なバランスです。

きょうだい仲は親次第!?

三月といえば、卒業シーズン。受験、卒業、進学や就職といった一連の動きは、子どもにとっても親にとっても大きな節目です。

この時期になるといつも春子のことを思い出します。

春子は二歳年上の姉との二人姉妹。銀行に勤める父、主婦の母、父方の祖父母との六人家族です。祖父母は昔から地域の役を引き受けており、地元では有名で裕福な家庭です。

春子に出会ったのは中学一年生になって間もなくのころでした。問題はスーパーでの万引です。話を聴くと、これまでも何度か問題行動があったとのこと。

母「小学四年生のころ、家のお金を持ち出したことがあります。そのころは上の娘の私立中学受験を控えており、私としては、そのことに一生懸命でした。上の娘は合格しました。その後、春子も、特に気に掛かるようなことはなかったのですが……」

ところが、小学六年生の時に、今回と同じような事件を起こし、補導されたのです。姉の中学入学後、しばらく父は単身赴任。母は肝臓を悪くして入院と、両親不在の期間がありました。

母「祖父母がいるので、生活はまったく心配ありませんでした。春子には、姉と同じように、私立中学受験を目指してほしくて、毎日遅くまで塾に通わせていました」

しかし、よくできる姉に比べると、春子の成績は芳しくありませんでした。姉と同じ私立中学を受験したものの、失敗し、地元の中学に通い始めた矢先に起こした事件だったというわけです。

姉は長女ということで、祖父母にも随分かわいがられて育ちました。また、小学校のころから成績はクラスでは一番で、大変よくできる子だったといいます。それに、両親とも長男・長女であったので、どちらかと言えば、二女の春子より長女のほうに期待や関心が向いていったようです。姉妹げんかになると、いつも春子を叱(しか)っていました。

姉の中学受験のころから、春子は両親の態度の違いを強く意識するようになりました。何かにつけ、反抗的になったのです。そのうえ、中学受験の失敗が春子にはダメージとなりました。私立中学三年生の姉、地元の中学に通う春子。春子から見れば、毎日の暮らしの中で、より一層、姉との違いを感じるようになりました。そのような中で、起こした出来事だったのです。

「きょうだい仲良く」育ってほしいというのは、親の素朴な願いです。しかし、一方で、兄弟姉妹の関係が悪いという話をよく見聞きします。「きょうだい」関係には、親のあり方や、親から子どもへの心の掛け方が大きな影響を与えます。

きょうだいの不仲は父母の代理戦争

雅司(まさし)との最初の面接では、いつものように、名前の由来を聞いてみました。命名にまつわるエピソードを丁寧(ていねい)に聴くことによって、その人の人生のスタートのさまざまな情報や家族のストーリーが理解できることがあります。

「自分の名前はとても気に入っている!」と何度も繰り返した雅司のことは、特に印象に残っています。

「誰(だれ)が名付けたの?」

「僕の名前は母が付けました。少しでも、ビッグな人物を上回るようにという思いを込めたそうです。生まれたころ、活躍していた野球選手の一字をもらったと……」

自分の名前の由来を語る雅司は、得意げな表情です。

「母は〝みやび〟という、この字がとても好きだった」とも……。それに「母は自分が小さなころに、親に優しくしてもらえず、ほったらかしにされていた。だから、結婚して子どもが生まれたら、子どもには自分と同じような寂しい思いは絶対にさせたくないと……」とも。

遠い親戚（しんせき）のつながりで結婚した母親は、夫のことよりも雅司のことで精いっぱいでした。周囲の人には、「過保護」な母親と映りました。

また、雅司が大きくなるに従い、仕事で忙しい夫との距離や、雅司と父親との距離が遠ざかっていったのも自然な成り行きでした。

そのような中、弟が誕生しました。これまではあまり子どもに関心を示さなかった父親ですが、なぜか弟をとてもかわいがり始めたと言います。弟のほうは大きくなるに従い、母親よりも父親と一緒にいることが多くなりました。

「父にいろんな物を買ってもらえるからかも……」というのが雅司の言葉です。

一方、弟は母親に対しては、暴言を吐くようになってきたと言います。

「両親の会話はまったくない。まあ、家庭内離婚ってとこかな……。もし、両親が別れたら、弟は父と暮らすかな……」

雅司と弟との会話も必要最小限しかないようです。子ども同士もよそよそしく、互いに相手を敬遠していると言います。

「家がおもしろくない……」

これまでのトーンと少し変わって、ポツリと言った言葉が印象的でした。

親子の出会いは不思議なものです。夫婦の出会いが、そもそも不思議です。きょうだいの出会いは、もっと不思議なものではないでしょうか。

その不思議なきょうだいの関係がどのようにつくられていくのか。ここには夫婦の心遣いが大きく影響します。

きょうだい関係は、夫婦関係を映す鏡であると言えるのかもしれません。

母親をめぐる三角関係

「小学校高学年の娘たちがそろって不登校になったので相談したいのですが……」「学校からは登校刺激を避けるように言われているのですが、いいのでしょうか……」

このような電話があったのは新学期が始まって間もなくのころでした。

面接日には両親がやって来ました。

夫婦の出会いから子育てや家庭のことなど、初対面の面接者の質問に対しても二人は協力的でした。職場結婚の二人はこれまで大きな問題もなくやってきたし、年子の姉妹も親から見れば普通の子どもに映っていたとのことです。

　ところが、新学年になって、突然、妹のユミが学校に行かなくなりました。その後、姉のエミも登校を嫌がるようになったのです。

「少し気になると言えば……」と、子育てを振り返りながら母親が話しだしました。

「妹のユミは生まれつき病弱で、幼いときから入退院を繰り返しました。ユミは人見知りが強い子で、私の母や主人の母が付き添ったら、泣き続けました。姉のエミは聞き分けもよく、おとなしい子でした。結局、病院にはほとんど私が付き添い、おばあちゃんがエミのことや家のことを助けてくれました。おばあちゃんにはとても感謝しています……」

ユミが最後に入院したのは幼稚園年長の時でした。その後、入院するようなこともなく、次第に元気になりました。とはいえ、ユミはちょっとしたケガや発熱を母親に訴え、また、母親もそれに応じてきたようです。一方、エミはどちらかと言えば、母親の手を煩わせるようなこともなく、おとなしく、我慢強い子でした。

面接のなかで母親は、エミが小学校に入学したあと、「私も入院したらお母さんが付き添ってくれるかな……」と漏らしたことを思い出しました。

「聞き分けがよいエミは満足してくれていると思っていたのですが、やっぱり、寂しかったのですね……」

妹や弟が生まれたとき、上の子に退行現象（赤ちゃん返り）が見られることがあります。時には、随分、手が掛かります。しかし、その行動は親の愛情や手応え(てごた)をあらためて確かめたいという自然な現象です。また、二人目の子どもの誕生により、母親を頂点にした三角形が築かれることになります。母親をめぐって、子ども同士のライバル意識が芽生えたとも言えるでしょう。これも自然なことです。

エミの不登校は、母親との絆(きずな)を確かめ直したいという子どもからのサインのように思われました。

「ユミのことも気になりますが、まずは、エミのことからやってみます」

「これまで、子どものことは母親に任せきりでしたので、私はユミのほうを気に掛けるようにしてみます」

父親の協力は母親にとってはもちろんのこと、母親と姉妹の三角関係の変化のうえでも、大きな力になっていくと思われました。

「一人っ子」物語

英樹(ひでき)は中学三年生。小学校低学年からの不登校状態がいまも続いています。転居歴が二度あり、最初は小学校に入る前でした。喘息(ぜんそく)がひどいことを気に掛けた父親が、郊外に住宅を見つけました。中学生になり、心機一転、現在のアパートに越してきました。

英樹は両親とも高齢になってから生まれた男の子でしたので、特に父親が喜び、かわいがりました。一方、出産後に体調を崩した母親は、転居後も都会の病院に通院。不登校の英樹の前で、「女の子のほうがよかった」とつぶやいたこともありました。何かにつけてマイペースの妻と、息子のことがいつも気になる夫。夫婦の間の溝は、英樹の成長に比例するように大きくなっていきました。

その反動のように、父親の息子への接近は増していきました。例えば、いつまでも英樹の洗髪をする父親（英樹は一人では洗髪ができません）。「部屋が狭い」という理由で、一つの布団に寝ている父子。そのいびつな姿は、随所にうかがわれました。


友美（ともみ）は私立中学二年生。一年ほど前から友達関係がうまくいかず、次第に学校から遠ざかるようになりました。友美は結婚十年目で生まれた子で、母親の期待は相当なものでした。小さなころからスイミング、ピアノ教室、英語塾と、毎日のように習い事に通っていました。

夫婦の間にすきま風が吹くようになったのは、夫が経営する会社の業績不振が明らかになった二年ほど前からです。子どもの前でもたびたび、離婚が話題に上りました。そこに、これまで「良い子」に映っていた娘の不登校問題が重なったのです。

母親のストレスは最高潮に達し、不眠を訴えるようになりました。最近ではお父さんと離婚したら、友美はお父さんと暮らしたら……。お母さんはおばあちゃんと暮らすから」と、口癖のように言うのがたまらないと友美は訴えます。友美は父親のことも母親のことも嫌っているわけではありません。二人の間に挟まれ、誰に相談することもできずに孤立していた友美が、胸に抱えた思いをカウンセラーに語り始めました。


リカは小学六年生。相談のきっかけはスーパーでの万引です。両親がそろって相談にやって来ました。今回は店員の配慮で警察沙汰にはならなかったとのこと。しかし、両親としては娘のことがどこか気になっていました。というのは、半年ほど前に父親の財布からお金を持ち出したことがあったからです。

「娘の問題行動は何かのサインではないか。親としてじっくり考えてみたい」

というのが相談に訪れた両親の思いでした。結婚して十五年、家族三人で特に問題なく暮らしてきたと言います。夫婦は互いの気心も知れ、子どもも順調に成長してきました。

「手が離れたので何となく油断があったのかなあ」「最近二人とも忙しくて、リカに関心が向いていなかったかなあ」といった言葉が夫婦の間で自然に行き交いました。最終回の面接は「家族のことを振り返る機会をリカがつくってくれました」という言葉で終わりました。

少子化が社会問題になっています。少子化は子どもの社会性の成長にも影響を与えます。しかし、問題はそれだけではありません。「一人っ子」と両親は、それぞれを頂点にした三角形を構成することになります。三角の関係は、実は微妙なバランスの上に成り立っているものなのです。それだけに、夫婦の関係が安定すれば、子どもは安心して社会に出て行けるのです。

父親のつぶやき

「子育てというのは、失敗の連続ですかね……」

ある相談の最終面接でのことです。父親が何げなくつぶやいたあと、言葉を続けました。

「最近、私が結婚する前に亡くなった父のことをふと思い出しました。父は事情があって、小さなころから親やきょうだいと離れて暮らしていました。その反動なのか、私たち家族に対してはとても優しかったように思います。でも、私が思春期のころになると、次第に疎遠になりました。子どもが小さいころはともかく、思春期になるとどのようにかかわってよいのか、父は分からなかったようです」

「私も高校から大学にかけて、父の存在を煙たく感じたことがありました。でも、自分の気持ちを父に伝えることはできませんでした。何となく避けていたというか……。ところが、わが子は親に向かってきます。私も息子に対応するのですが、なかなかうまくいきません。親の思いと子どもの思いが嚙(か)み合わなくて……。私の考え方が古いのか、伝え方も不器用で……」

「不思議なものですね。父が感じた戸惑いと同じような思いを、いまは私が体験しているのですから……。でも、戸惑いながらも、しっかり成長したわが子の姿を見て、一方では喜んでいます。ただ、その喜びの気持ちをなかなかうまく表せません……」

「親の思いと子どもの思いがズレてしまうということは、起こりがちですよね。同じ場所で同じ時間を過ごしていても、家族一人ひとりの思いは違いますしね」と担当者。

「そのように言っていただくと気分が軽くなります。考えてみれば、家族や親子の出会いというか、巡り合わせは不思議ですよね。母は私を妊娠中に大きな事故に遭い、一時は、母子ともに命が危ないと言われたようです……。わが子も妻のお腹(なか)にいる時に、やはりちょっとしたことがありました」

「そうなんですか。家族が続いていくというか、命が次の世代につながっていくということは本当に不思議ですよね」と、父親の言葉にコメントを挟みました。

「夫や父親の役割というのは妻や子どもの存在があってこそだなあと思うようになりました。家族のいろいろな出来事を通して少しでも『らしく』なっていくというか……。そういった意味でも、親はもちろんのこと、妻や子どもにも感謝しています。その気持ちを言葉で相手に伝えているかと言われると……」

「きっと、天の神様は見ておられると思いますよ。それに、いつかは子どもさ

んも分かってくれるでしょう」と伝えると、

「男って、孤独なんですかね……」

父親は、一言つぶやいたあと、再び、自分の思いを語りだしました。

「ありがとうございました」

深々とお辞儀をして、相談室を出て行く父親の後ろ姿が、いまでも心に残っています。

ポストセッション

宮﨑　早樫さんの文章を読むと、やっぱり経験が豊富だから、いろんな人たちと会っているんだなあというのを感じますね。

早樫　私は家族療法の考え方をメーンにしながら、いろんな家族と会ってきました。最近の家族というか親は、こちらが話を聴くだけではなくて、時には具体的なことを伝えていかなければならないような、そういう時代になっているような気がします。

宮﨑　家族療法というのは、家族の動きがはっきり現れますからね。スパッと指摘できるでしょ。そして、次までの課題とかもきちっと出せますから。個人面接のようでグループカウンセリングみたいな、両面を持っていますよね。それがすごく楽しいところでもあるけれども、また反面怖いところで、はっきりと犯人が分かるとか、この人が中途半端だということがみんなの前であからさまになったりとかね。でも、家族療法に来るというのは、健康な家族だよね、まだ。

早樫　いろいろやけどなあ。家族がそろうということ自体は、それだけでその後の治療の展開が違うことがあります。変化がない場合など、なんで来るのかなあと思うけれども約束通り十回続けて来はる家族がある。症状は変わらなくても、よく考えてみたら家族が集まれるだけでもすごいなあってね。

宮﨑　みんながそろって車に乗って、早樫先生の所に行くというのは、すごいイベントだと思いますね。その部分で何かまとまりができてくるということもあるかもしれないですね。

古市　学校でも、面接にお母さんだけが来ていたのが、途中からお父さんも連れて来るようになったら、これは大きな変化ですよ。子どもは変わってきますよね。

宮崎　家族っていうのはバランスでできているから、それがいいバランスならいいけれども、悪いバランスで固まって、誰(だれ)かがしんどくなって問題行動を起こしているのだとすると、みんなこの問題を起こしている人を変える話ばっかりなんですよね。でも、たぶんほかの人たちが、みんなどこかで変わらないと、その人も変わらないと思うんですよね。

古市　対人関係の一番の基本は、やっぱり夫婦だよね。われわれは天理教を信仰しているから夫婦は対等だと考えているけれども、世間では対等ではないと考えている人も多いよね。その人たちも、人間関係の一番の基本は夫婦だと思っているのかねえ。だとすると、対等でない人間関係が基本ということになるでしょ。

だから私は、カウンセリングでいろいろな人とかかわるときに、夫婦というのは対等であるということを言うんですよ。それから「結婚はお互いの意思と契約だけではなくて、縁があって結ばれるのだと私は思うんだけど、どうですか？」という話をします。すると、「そうですか、縁ですか」って驚く人もいます。契約だけだったら、自分が破棄をすれば離婚もできるんですけど、縁で結ばれたというふうになると、どうしてこの人と一緒になったのかと、もっと意味を考えますよね。

宮崎　天理教では、嫁に行くというのは元の家に帰るんだというふうに言われるけれども、それをちゃんと伝えられているかなあ。

早樫　元の家に帰るのだというようなことをあんまり大上段に言うと、その家のやり方に従うのが当然だ、みたいなことになって、夫と妻の問題が起こってくる。

宮崎　結局、Aの家で育った人というのはAの家の法律を持ってきているし、Bの家で育った人はBの家の法律を持っているから、必ず文化の衝突というのは起きるようになりますよね。そのときに離婚問題まで行くのは、絶対にこっちが正しいとか、どっちが上か下かなどと決めようとするからであって、話し合って同じ方向を向いて、こういうときにはこういうふうにしようと二人で決めていくという姿勢がコミュニケーションだと思うんですけどね。それが意外と欠けているところが多いかもしれないですね。

古市　私は、カウンセラーとしてはあまりしゃべらないんだけれども、夫婦の危機とかで行き詰まったような人には「Aの家の代表とBの家の代表とで結婚するんだけれども、Cという家庭を二人で作っていくんだよ」というような話をするんですよ。夫婦は、そのパートナーなんだというね。

早樫　私はよく例え話でするんだけれども、片一方の家は食事時のお箸（はし）が箸立てに入れてある家で、もう一方は箸箱にお箸を入れてある、つまり個人の箸がちゃんと決まってある家。この二人が結婚したときに、個人の箸で食べていたほうの人が非常に怒った。「食堂みたいな箸の使い方をして」と言って、結婚した初日からもめた。それで結局どうしたかというと、箸立ての中に一つだけ箸箱を立てたんですね。言うならば、それがCやな。だから、結婚したらそういう問題が具体的に、二人で住み始めたその日から起こるから、それをどんなふうに自分たちでCを作っていくかということですよね。そのときに、相手の家族の理解もないとあかんし……。

古市　最近のカウンセリングであったのは、もうすぐ子どもが生まれるという妊婦さんで、結婚して一年ちょっとになるんだけれども、最初は夫の仕草とか、食事のマナーの悪さをがまんしていたと言うんですね。片ひざを立てて座るとか、テレビを見ながら食事をするとか。その人は教育者の娘で、しつけは厳しく育てられたんだね。それが、いよいよ子どもが生まれるとなると、子どものしつけのために、何とかいまのうちに直してほしいということで言い始めたら、もめだした。そこでCの話をしたわけです。「Cという家庭を二人で作っていく、二人はそのパートナーなんだ。夫と妻のどちらが偉いのでもなくて、二人の共同作業で家庭を作っていくんだよ。そこで子育ても考えよう」とね。

早樫　これまでいろんな家族に出会ってきたけれど、結局は、夫婦のあり方やなあと痛感しています。また、家族の一員に何かイレギュラーなことが起こった場合、そのときこそ、家族が協力し合えるかどうかやなあとも。その点では、やっぱり子どもが一番敏感なんですね。最近、「家族力」っていう言葉がよく使われるけれども、これからは「夫婦力」と「家族力」やね。

インターバル

人のこころというものは……足し算思考のすすめ

カウンセラーや信仰者の立場で、さまざまな悩みを持つ方たちにお会いしていると、「人のこころってホントに難しいな……」と、ため息交じりに独り言をこぼしたり、逆に「人のこころってホントに素晴らしい！」と感動したりすることがよくあります。神様から心の自由を与えられている人間だからこそ、その自由である心の使い方ひとつで、見える世界も聞こえる世界も、また味わう世界もあっという間に変わってしまうものですし、その自由さがかえって自分の生き方を不自由にして、さまざまな問題を生み出してしまうという皮肉さに、いつも戸惑ってしまいます。

いまや世界のスーパースターでもあるメジャーリーグのイチロー選手のインタビューを聴いていたときのことです。

聞き手の記者が「すごいですね、いま現在の打率が三割七分を超えていますよ」と問いかけたときのイチローの答えが、とても面白いものでした。彼は「僕は割り算が嫌いです。ヒットの数を一本でも増やすことに集中したいんです。割り算は勝手にやってください……」というような言葉を出していました。「ヒットの足し算かぁ……なるほど、さすがは一流のアスリートだな」と、テレビの前に座って一人で感心してしまいました。

考えてみれば、私たち人間が悩むときというのは、心が割り算をしたり引き算をしているときが多いのではないでしょうか？

引き算とは、誰かとの比較から生まれます。「あの人引く私イコールこれだけの差」という計算です。子どもさんの相談に来られたお母さんがよく口にされるのが、「よその子に比べてうちの子は……」「みんな学校に行くのにうちの子だけは行かない……」という言葉です。また、「あのころの自分に比べたら、いまの自分は……」というような、自分自身の過去との引き算も、同じように苦しさを生む場合もあります。人はそれぞれ生き方や立場、また考え方やタイミングも違うものなのに、その「違い」が見えずに「差」を探していく考え方です。引き算には決して満足感は生まれてこないものですから、そこには心の喜びも湧いてこないのです。

割り算とは、自分のやったことや思ったことに対する見返りを求めている状態です。「こんなにしてあげているのにちっとも分かってくれない」「私の努力に何も返してくれない」と言って、どこかで相手を責める気持ちです。言い換えれば、いまの自分にないものや、なくしたものを思って前向きになれない状態です。割り算も引き算も、すればするほど心が後ろ向きになっていきやすい考え方です。

では、心が勇んでくるような足し算は、どうすればできるのでしょうか。

「人は病気になって初めて健康のありがたさが分かる」という言葉があります。私自身、ガンという大きな病気を神様から頂いて、その言葉の意味を心から実感させていただきました。

病気のときというのは、思うようにならない自分の身体(からだ)や心にイライラして周囲に八つ当たりしたり、元気な人をうらやましく感じたりするものです。それこそ、たくさんの割り算や引き算の名人になっていた時期も実際にありました。

ただ、病気になるといろいろなものをなくすだけのように思いがちですが、実はその病気から、たくさんのものを心に与えられることも多いように思います。それまでは、自分の周りにあることや起こることが「あたりまえ」だと思っていて、元々からそこにある、たくさんのありがたいことに気付きにくい状態になっているのでしょう。

三十代の若さでガンのために亡くなった井村（いむら）さんという医師が、間近に迫る死を見据えて、最愛の妻と幼いわが子に「あたりまえ」という詩を書き残しています。

あたりまえ
こんなすばらしいことを、みんなはなぜよろこばないのでしょう
あたりまえであることを
お父さんがいる
お母さんがいる

手が二本あって、足が二本ある
行きたいところへ自分で歩いてゆける
手をのばせばなんでもとれる
音がきこえて声がでる
こんなしあわせはあるでしょうか
しかし、だれもそれをよろこばない
あたりまえだ、と笑ってすます
食事がたべられる
夜になるとちゃんと眠れ、そして又朝がくる
空気をむねいっぱいにすえる
笑える、泣ける、叫ぶこともできる
走りまわれる
みんなあたりまえのこと

こんなすばらしいことを、みんなは決してよろこばない
そのありがたさを知っているのは、それを失くした人たちだけ
なぜなんでしょう
あたりまえ

（井村和清著『飛鳥へ、そしてまだ見ぬ子へ』より）

心の引き算や割り算に疲れた人は、なんとなく寂しげな表情になっていきます。

「あたりまえ」という言葉や感覚に、自分の身の回りが包み込まれてしまうとき、本来自由に伸び伸びと使うことができる私たちの心も、その特性を失ってしまうのかもしれません。

ガンという病気と向き合い、激しく闘っている最中でさえ、井村医師は、「スーパーに来る買い物客が輝いている。走りまわる子供たちが輝いている。

犬が、垂れはじめた稲穂が、雑草が、電柱が、小石までが美しく輝いてみえるのです」

と記しています。

私が以前かかわった末期ガンの状態だった女性も、明るく笑って「今日も一日、家族で一緒に平凡に過ごしました。でも先生、平凡がいいんです。毎日がありがたい大切な一日です。平凡ってすごいことなんですよ」と教えてくれました。

「あたりまえ」の反対語は「ありがたい」だと思います。「ありがたい」とは「有り難い、有り得ないようなこと」という意味です。毎日の生活の中で、自分が「あたりまえ」だと思い込んでいることを、ゆっくりじっくり検証していくと、たくさんのありがたいことが見えてくるに違いありません。

そしてそのことを表現する美しい言葉が「ありがとう」なのでしょう。

「ありがとう」という言葉は、言われた人も口にした人も、両方が心に力をもらえて幸せを感じることができる「つなぎ」の言葉です。

たくさんのありがたいことを見つけて、たくさんの「ありがとう」を表現していくことが、自分の心にさまざまな足し算をしていくことにつながります。

そしてまた、数多くの人たちとの新しいつながりもできてきます。

辛(つら)いことや傷ついた経験も、そのときは苦しい思いでいっぱいになるでしょうが、少し時間をかけたり、信頼できる人に話を聴いてもらったりして、「今回のことのおかげで、こんなことが分かった。こんなことを頂いた」と、いつか心に足し算ができたとき、人生を一歩前に進み出すことができるのです。

私たち一人ひとりに与えられた心の自由とは、どんな状況に置かれても必ず幸せを求めて動き出すことができるように、神様が人間に下さった大きなプレゼントなのだと思います。


（宮﨑伸一郎）

第四章

鼎談
3人のセラピスト

宮﨑伸一郎
Shinichiro Miyazaki

古市俊郎
Toshiro Furuichi

早樫一男
Kazuo Hayakashi

教会長になるために心理学を勉強した——宮﨑

早樫　それぞれ面識はあるけれども、三人で集まるのは初めてではないかと思います。普段は聴くことが仕事ですが、きょうは思い切りしゃべってください。
それではまず、心理臨床を目指そうと思ったきっかけについて。いまの若い人たちは、臨床心理士やカウンセラーを目指そうと思えば大学を選ぶ時点で決めておかなければならないわけですが、お二人はどうでしたか。

宮﨑　早樫さんは、大学は心理学科でしょ。古市さんと僕は違うんですよ。

古市　私は理学部数学科です。

宮﨑　僕は経済学部経済学科ですよ。大学四年の時に進路を変えたんです。

早樫　それは、なんで変わったの？

宮崎　きっかけは、親父の大病です。南米に行って劇症肝炎になり、死んだような顔で帰ってきて、肝臓の数値を見ると、たぶんだめだろうというような数値でね。

僕は教会の後継者でしたが、その時には東京の商社に就職が内定していました。いずれ帰ってくるかもしれないけれども、しばらく教会を離れるつもりだったんです。けれども、大教会の役員先生から「お前のおじいさんは四十九歳で亡くなっている。お父さんも、五十一歳でこのまま出直すかもしれない。お

宮崎伸一郎

前はどうするんや」と、そんなことを参拝に行くたびに言われて、だんだんと気持ちが変わってきたんですね。それで、父が出直そうが出直すまいが、教会の後継ぎをしようと心を定めた。それが大学四年の九月だったんですよね。

それで就職の内定を断って、教会の後を継ぐために何をすればいいのかと考えていたときに、新聞の片隅の小さな記事が目にとまったんですよ。不登校の子がすごく増えている、九州大学でそういうことを勉強する講座がある、というような内容でした。その小さな記事を見て「これだ！」と思ったのは、自分が昔、不登校だったからです。小学一年生の時は、相当休んでいたと思います。幼稚園は二年連続中退です。そんなこともあって、コンプレックスのようなものがあったんですね。それでとにかく、「俺は将来教会長になるために、これを勉強しよう」と思ったわけです。「俺、学校に行かない子の気持ちだったら分かるわ」と。

古市　大学卒業前に、その勉強を始めたんですか？

宮崎　卒業してからですね。もう卒業に必要な単位はとっていましたから。でも卒業前に、新聞に出ていた九州大学の先生のところに電話をして、家まで押しかけて行って、「自分は学者にはなりませんが、教会の会長になるために勉強させてください」とお願いしました。そうしたら、「変わったやつが来たなあ」とか言われましたけど、それでも「じゃあ勉強しなさい」ということで、次の年から九州大学の聴講生になって心理学の勉強を一から始めました。朝から晩まで授業を聞いて、そして思ったのは、「自分はこっちが好きやわ」と。

早樫　九州大学には何年通ったの？

宮崎　聴講生としては一年です。二年目に大学院の研究生になって、その途中から児童相談所に空きがあったので心理判定員で入って、それからずっと心理の仕事をしています。二十八歳の時に部内教会の会長になったので、そのころは児童相談所で週三日、非常勤で働きながら会長をしていました。

早樫　児童相談所もよく採用したなあ。

宮崎　はい、ありがとうございます。ちょうど、男の人があまりいませんでしたからね。

早樫　私と一緒や。男が欲しかった時代やね。

宮崎　臨床心理士の資格も、そういう経験年数と論文で、経過措置で取りましたから……。だから僕の場合はすごく特化していて、臨床心理士とかになるためではなくて、教会長になるための役に立つ勉強をしたいということでね、それでこの世界に入ったわけです。

数学教師からスクールカウンセラーに——古市

宮崎　古市さんは僕よりも変わってますよね、数学科だもん。

古市　河合隼雄先生も、大学は数学科を出ているんですよ。

早樫　学校の教員という面では心理職に近いんじゃないかなあ。やっぱり大学時代から教師を考えていたわけですか？

古市　私は数学者を目指していたんですよ。でも大学一年の時に、数学ではすごいやつがたくさんいるから、これはだめだってすぐに分かりました。で、残る道は数学の教員だなということで、高校の数学の教師になった。教員を三年やってみて、楽しかったんだけれども、自分の人生じゃないような気がしてね。教員というのはやりたい人がたくさんいるし、こんな人もいるのかということで行き詰まりを感じていたときに、ある衝撃的な天理教布教師との出会いがあって、翌日に「もう辞めよう」と思ったわけです。それで、修養科に入ってから教会へ戻りました。

宮崎　古市さんも教会の後継者だったわけでしょ。教員になるときに、将来のこととかは考えていた？

古市俊郎

古市　いや、私には兄がいましたから、後継者と決まっていたわけではないんです。しかも、元々母親が教員だったから、教員にはなりたかったんですよ。

母は、私が大学四年の時に教会を設立した初代会長なんです。教会になるまでの道中には、いろいろな紆余曲折がありました。私が教会長を継いだのは、家庭を持っていた兄よりは私のほうが教会になるまでの経緯を見ていて、よく知っていたからかもしれません。ところが、私は教員になったものですから、母親一人を教会に残して赴任しちゃったわけです。父親は私が中学一年生の時に亡くなってますから。

三年で教員を辞めて教会に戻ってからは、教区や大教会の御用ばかりをしていましたね。経済的な問題もあったので、家庭教師をしたり、教会で塾を開いたりもしましたけど。

早樫　どういう形で、カウンセラーというか心理学の世界に？

古市　二十五歳で教員を辞めて、二十七歳で結婚して、三十六歳で教会長になったんですけど、その二年後ぐらいに、きっかけとなった出来事があったんです。病院に入院している、あるおばあちゃんの所へ行ったときのことですが、その人は別の教会の信者さんで、病室にはそこの会長さんがおられて話をしていました。すごくいい雰囲気で話していたんですけど、その会長さんが帰って行かれたら、そのおばあちゃんは「私、あの人が来ると困るんや」と、それまでとガラッと違うことを言うんです。それで、「なんだ、これは」と思ったわけです。

その会長さんはたぶん、おたすけをしたつもりで帰って行かれたと思うんですよ。でも、そのおばあちゃんは喜んでいなくて、迷惑がっていたんです。人っていうのは分からんものやなあと思いました。教会長という、おたすけの専門家であるべき立場をもらって日々それをやっているのに、おたすけって何だろうということが分からなくなりました。

それから、人をたすける、援助するということはどういうことかが自分のテーマになって、ずっと考えていたときに、車のラジオから「電話カウンセラー募集。養成します」というようなことが聞こえてきたんです。カウンセラーというのは、世間で言えば援助する人ですよね。それで、世間ではどういうことを言っているのかを勉強してみたいと思って未知の世界に入ったわけです。

宮﨑　その電話カウンセラーというのは、「いのちの電話」みたいな?

古市　同じようなボランティア活動ですが、「金沢こころの電話」というところです。私が応募したのは十五期の募集でした。そして結局、そこで勉強をしたら面白かったんですね。それで、自分にもできるかなあと思いながら、電話カウンセラーを始めたわけです。

それから、その団体の理事になって、養成セミナーの係になったり、研修担当になって研修の企画をしたりするようになりました。それで、いろんな先生の本を読んで勉強をしたんですね。研修に先生を呼ぶときには、自分で出かけて行って、その先生のワークショップを受けて、これはと思える先生にお願いしますから。

宮﨑　それはすごくいいですよね。いろんな先生に実際に会えて、刺激を受けられるわけだから。

古市　ボランティアだから、自分のお金で行ってたんですよ。先生を呼ぶときは会からお金が出ましたけど。

それからしばらくして、私立の高校で非常勤の講師を頼まれて、三年間、数学を教えに行きました。それが終わったちょうどその日の夜に、教育センターで教育相談員を募集しているということで、私を推薦してくれた人がいたんです。それは「いじめ相談テレフォン」という、いじめに対する相談の電話を受ける相談員で、私は電話相談もやっているし、元教師でもあるということで採用されたんですね。それを非常勤で七年間勤めて、その翌年からスクールカウンセラーになりました。

早樫　数学をやっていた人が心理学をやってみて、どうでした？

古市　大学のときに思ったんだけど、法学部の人と話をしていると、「客観的」という言葉の使い方が違うんですよね。理系の場合は、人間がいようがいまいが関係なく、宇宙の真理みたいなことが「客観的」ということなんですけれども、文系の人は、より多くの人たちがそうだと思うことを「客観的」と言うんです。そこがえらく違うなと思いました。

宮﨑　面白いね。全然発想が違うんですね。

古市　だから、元々私は遠くから世界を眺めているようなタイプだったんだけれども、信仰的なことになりますと相手は生身の人間ですよね。さっきも言ったように、自分はおたすけをしているつもりでも、相手は余計な親切と思っている場合もあるわけですから。相手の立場に立ってみることも必要だなと思って、人の心とか心理という、不思議なところへ入っていったんだとは自分で思っています。

だから、カウンセリングの勉強をしていると、人の会話がとっても気になって。特に会長さんと信者さんが話しているのなんかを聞いていると、すごく一方通行だったりね。この人嫌がってるな、とか。

宮﨑 教会長としての言葉遣いなどには、すごく気を使いますね。秘密の保持ということには特に気をつけていますよ。

精神科の看護師になろうと思った――早樫

宮崎　早樫さんは、最初から心理学をやりたかったの？

早樫　いや、心理学を勉強したかったのではなくて、心理学科にしか行けなかったんですよ。私は高校のときから天理教の学生会活動にはまっていたから、学生会をやりたいがために大学に行ったんでね。当時はまだ、できて間もない大学だったし、文学部心理学科というのも珍しかったからね、たまたま入れた。

　それで面白いのは、児童心理の講義は土曜日にあって、その日は学生会の日でね。だから、一番受けなかった授業が児童心理の授業やったんや。

宮崎　それが児童相談所の所長にまでなっちゃったわけですね。

早樫　私は学生会活動ばかりやっていたから就職活動もしてなかったし、ちょうど教祖(おやさま)九十年祭への三年千日という時旬やったから、私の場合は古市さんと反対で、卒業後三年間、教会で青年づとめをしたんです。

古市　私は三年間教員をして、それから教会へ戻りましたからね。

早樫　三年目の終わりに修養科に入って、さあ、これから何をしようかというときに、私の家の信仰について考えました。私の家は母親の母親からの信仰で、そのおばあちゃんは、当時は神経衰弱と言われていたんだけれども、いまで言えば産後のうつやと思う。自殺願望みたいなこともあって、それでお道の話を

早樫一男

聞いて信仰を始めているんですね。それ以外にも、身近なところに精神を患っている人がいたから、そんなこともあって、精神科の看護師になろうと思ったんです。

それで、紹介してもらってある病院に行ったんやけれども、大学で心理学をやっていたということがかえってハンディになったのか、採用されへんかった。それで、今度はある人からここに行けと言われて、家裁の調停員をしていた人のところへ行った。そこで履歴書を渡したら、そんなんやったらここへ行けと言われて、また紹介されたところへ行きました。そしたらそこで、大学の心理学科を出ているんやったら、ちょうど児童相談所で判定員を募集していると言われてね。それでまた、言われるままに募集している担当のところへ行ったわけです。

一応試験もあって、倍率も結構高かったんだけど、受験者も合格者も女性が多くてね。結局、宮崎さんと同じで男が欲しかったんでしょうね。しかも、どこへでも行きますということで、それで決まりや。相談所に行ってから、心理検査の仕方とか、いろいろ勉強をしましたね。

宮﨑　面白いね。みんなそれぞれ違いますね。

古市　最初からこの道を目指して来た人はいませんからね。曲線というか、紆余曲折のあった人のほうが、人間的には面白いですから。

宮﨑　いまの若い子たちは、最初からこの道を目指して、ストレートに行こうとするじゃないですか。しかも、成績のいい人たちが臨床心理のほうに入ってきますからね。

古市　本当にみんな、心理の仕事がしたいのかねえ。

早樫　臨床心理士を目指す若い子たちの面接をしたことがあるんだけど、臨床心理士になりたい理由を聞いたら、不登校になった友達が学校へ行けるようになった、そのことがきっかけで臨床心理に関心を持ったとか、そういう子が多かったね。だから、大学を選ぶ時点で決めてますよ。

古市　中学や高校ぐらいから心理学を目指すという子たちの動機の中には、自分が癒やされたいという部分もあるんでしょうね。

宮﨑　古市さんの言う通りですね。僕は問題を抱えている中学生や高校生と話す機会が多いんだけれども、特に女の子と話をしていると、「先生、私も心理学を勉強したい」とか言って、臨床心理士にあこがれるんですね。高校を中退したり、不登校になったりというような子たちだから、感受性はすごく持っているんだけれども、いまのままだと向かない子たちかな。一生懸命やるけれども、他人との距離が取れないというか、そういう子が多いかなという感じがするのね。

古市　自分が問題を抱えていて、それを解決したいために心理学を勉強するということはありますよね。そういう子たちが臨床心理士を目指したいと言うと、私は「いいね。それはいいんだけれども、まず自分の問題の解決を目指して、それができてから仕事に就くといいね」という話をしますね。

宮﨑　少し社会的な経験をしてからのほうが面白いかもしれないとは思うんだけれども、みんなストレートで行きたがるからね。またよく勉強もするから、理論的にはできている感じはする。でも、たとえば大学院生とかとしゃべっていても、ちょっと自分の心の琴線に触れるような話になると、ポロポロポロポロッと涙が出たりするんですよね。

宗教家として、心理臨床家として

宮﨑　僕は天理教の教会に生まれ育っているから、心理とか心ということに対して、子どものころから親和性が高いと思うんですよね。心理学を勉強していて、追体験ではないけれども、何か分かるような気がする、何となく分かる、みたいな話があったのは、そういうところに原因があるのかなという気はしますね。だから僕は、天理教以外の一般の大学生とかにもよく、宗教を持ちなさい、信仰は大切だよと言うんですけど、案外持っていないよね。

早樫 持っていないやろうねえ。

古市 自分のバックボーンになるような、それこそサムシンググレートみたいなものが、いわゆる神様ということなのかなあ。

宮﨑 僕は面接のときでも、言葉で神様と言いますよ。子どもたちは神様のイメージなんて分からないから、あえて言うのよね。例えば、あなたにこんな病気があったとして、これを神様がしていることだと思ってみたら、と。神様があなたに宿題を与えているのだとしたら、どう思う、みたいにね。そういう使い方は、カウンセリングのときでもやりますよね。

古市 職場で、宮﨑さんが天理教だということは周知なの？

宮﨑 あえて公表はしていませんが、たぶん知られていますよね。インターネットとかで調べればすぐ分かりますから。いまはもうインターネットをしない子はいないですからね。

早樫　でも、公的な立場では神様の話はできませんからね。

宮﨑　その人が持っているものというか、雰囲気でも伝わるんでしょうね。

古市　私は自分が天理教だということは言っていないんですけど、あるときに、私が天理教だということが分かった人にね、「へー、それでなんとなく分かりました」と言われたことがあるんです。「古市さんが天理教なら、天理教もいい宗教かもね」とね。

宮﨑　僕は学生会活動をしていたころに、よく高校生とかの相談に乗っていて、俺って上手だなあと自分で思っていたんですよ。そしたらあるとき、答えの全く想像もつかないような相談をされたことがあって、そのときは分からなくて逃げちゃった。あのときは、その女の子がすごく傷ついたんですよね。僕のほうから「何かあったら相談してよ」と誘ったんですよ。あれは自分の中ではやっぱり残っています。自分のことが大嫌いになりましたから。その出来事も、自分がその後、臨床心理に進む大きなきっかけだったと、いまでは感じていますね。

古市　何でもどうぞ、というのは難しいですよね。

宮﨑　でも、宗教家としては、自分の守備範囲を超えることがありますよね。超えないとおたすけできませんから。カウンセラーとしての自分は守備範囲をちゃんと持っていますけれども、教会長はそんなわけにいきませんからね。夜中に電話がかかってきて、いますぐ来てくださいとか、子どもが暴れていますとか。

古市　教会長とカウンセラーと教員の、三者の援助活動の比較を考えたことがあるんですよ。

まず教員というのは、一人の生徒とかかわりながらも、集団を扱うことを考えているんです。またそれが上手なんですね。ところが一人ひとりの生徒に対するかかわり方というのは割と苦手です。教えるとか指導するという意識が強いので、生徒に介入してきますよね。だから、「集団」と「介入」というモデルが教員の一つの特徴かなと思います。カウンセラーというのはその逆で、集団ではなくて「個人」、介入ではなくて「待ちの姿勢」というのが特徴かなと。

それに対して教会長というか、宗教家というのは、個人も集団もありますけれども主に「個人」で、結構いまの天理教の人たちというのは「介入」モデルなんですね。しかも教会長というのは人生全部、死ぬまで、あるいは出直して後の次の代までかかわっていこうという、非常に長い視点を持っていますから、それはカウンセラーと全然違いますよね。カウンセラーというのは、カウンセリングルームを出たらあいさつもしないことがありますから。

宮﨑　本当にそうですよね。街で会っても、あえて知らん顔したりね。

古市　宗教家にも、本当は待ちの姿勢は必要なんですけどね。カウンセリングは一つの道具だと思うので、教会長の人たちも、そういう勉強は、して損ではないなという気がします。

早樫　やっぱり三人とも、信仰というものがベースにあって、その上に臨床心理士であったりカウンセラーがのっかっている、という感じかな。

古市　私は、心療内科などの事例検討会で自分が事例を出すときに、よく指摘されるのは、自分の信仰的なかかわりがチラチラと出ているんですよ。「古市さんは結局、そのクライエントに対して何かしてあげたいんですか」と聞かれるんですね。実はしてあげたいんです。信仰者として、してあげたいんです。でもカウンセラーとしては、「何でしてあげたいの？」というところを突っ込まれるわけです。

天理教の人はすごく善意のある人が多いと思うし、良かれと思って何かしてあげたいと思うんですけど、本人の問題にあまり介入しすぎないというか、本人にしてもらって、本人の力を育てるということを、もう少し考えたほうがいいと思います。

宮崎　自分が出会う人には意味があるというか、こちらを映す鏡なんですよね。だから僕はカウンセリングをしていても、やっぱり神様の思召（おぼしめし）を感じてしまうし、ポロッと口にしているような気がする。「これも縁だねえ」とかね。そういう、ちょっとロマンチックな話をしますね。

早樫　縁だとか、不思議やなあとか、そういう言葉に置き換えてしゃべっているやろうなあ。

宮崎　信仰的な言葉と世間で通じる言葉との、両方を使えないといけないんだけれども、それができるようになるまでには、しばらく時間がかかるような気がしますね。

古市　カウンセラーの仕事をしていて、最近特に自分で感じるんだけれども、説明が下手になってきているんですよ。私の言っていることが、だんだん明確でなくなってきている。混乱させるというか、「えっ、なに？」と、相手に考えてもらうように、自然となってきている。

早樫　それはテクニックなわけ？

宮﨑　身に付いたんでしょうね。

古市　明確に「こうですね」とか、断定的なことは滅多に言わないし、相手が不思議な顔をしているんですよ。そのときに、私が何を言おうとしているのかを考えてもらうというね。言っている途中で、グッと押してみたり、途中からスッと引いてみたり。

宮﨑　私も以前は、勢いでしゃべっていたようなところがありました。心理学の勉強が楽しいときってあるじゃないですか。自分の中で説明ができちゃってるのね。でも、勉強をすると評論家になって、評論家になると自分のおたすけ人としてのパワーが落ちて、結局楽しくないんですよね。それがこのごろは、経験を積んできたからか、自然に言葉が心からじっくりにじみ出てくるという感じでね。

古市　カウンセリングで大事なのは、ライブのやりとりということですよね。

宮﨑さんが言ったように、勉強をしているときというのは、こっちのものを伝えようという一方通行ですからね。天理教の人でもよく、何かいい話を聞くと、これを誰それに伝えようと思うんですけど、人の話を持ってくると、それでは双方向のライブのやりとりにならないですよね。

宮﨑　宗教家が気をつけなくちゃいけないのは、本当の正しい話をしようとしすぎて、自分と乖離（かいり）したような話をしようとするんですね。その時点で、聞いている若い子たちは「ハイハイ」と距離をとってしまいますから。

僕は、カウンセリングをやっていたおかげで世間の人といっぱい会えたのが、自分の強みだと思いますね。天理教のことを全く知らない人たちと、自分は信仰的なものを持ってしゃべっているけれども、向こうはそれも含めていろんな話を聞いてくれる。あれは一番勉強になると思います。そういう経験や機会を、できればお道を信仰する若い人たちに、たくさん持ってほしいと思いますね。

早樫　最近は、いい意味での遊びの部分がなくなってきていると感じますね。

余裕がないというか。また、傷つくことを恐れて、何事にも慎重すぎたり、臆病になっているのではとも感じています。他者によって心が傷つけられるかもしれないけれども、一方で、他者によって心は癒やされる。そういう意味で、人との関係や出会いを大切にしてもらいたいものです。

　この三人の出会いも不思議な巡り合わせですよね。その不思議さに感謝して、鼎談を終えたいと思います。お互いに、もっともっとしゃべりたいことと思いますが、いつの日かこの続きをやりましょう。本日はどうもありがとうございました。

エピローグ

まさか心理職に携わる将来があるとはまったく予想していなかった――これは三人がもっとも共感した気持ちでした。

大学時代は学生会に夢中でした。そのときの「いま」を精いっぱいに過ごすばかりで、卒業後について深く考えていませんでした。いまにして思えば、寝る間を惜しんで語り合ったこと、仲間の悩みや悲しみを分かち合ったこと、集まっては何か人の役に立とうとしていたこと、そのすべての経験がいまの仕事につながってきました。

いまの若い人たちの中には、中学や高校のころから心理カウンセラーになりたいと思って臨床心理士を目指す人が少なくありません。でも私たちは違っていました。最初からまっすぐに心理職を目指したのではなく、多くの出会いや人の援助によって、今日に至っています。

私たちが心理の勉強を始めたきっかけは、「第四章　鼎談　3人のセラピスト」で述べていますが、本当はもっと長い物語があり、不思議な出来事が多く含まれています。

鼎談の途中、食事にうなぎが出てきました。私は不思議な感覚に陥りました。三人がうなぎに見えてきたのです。

うなぎの生態はまだ謎が多いようですが、西太平洋のフィリピン沖の深海で産まれ、稚魚は黒潮に乗って太平洋をアメリカまで回遊し、やがて日本の川に上ってくるとのこと。まるで私たちのようです。天理教の学生会で育った私たちは卒業後、右に左に揺れながら教会と社会を回遊し、再びおぢば（天理）で会って本を出すことになりました。自由な意志で回遊してきたつもりが、実は大きな渦に流され、来るべき場所に引き寄せられたようです。

「3人のセラピストからのメッセージ」という大仰なサブタイトルをつけましたが、私たちが大切だと思うことが少しでも伝わるならばたいへんうれしいことです。

私は、宮﨑さんから「言葉」を大切にすることを学びました。言葉は伝えたいことをきちんと伝えるための道具です。親と子、夫と妻、教師と生徒など、異なる立場では言葉の意味が違うことがあります。宮﨑さんは両者の間に立って、気持ちを分かりやすく伝える通訳者に見えました。信仰者も、言ってみれば通訳者。身上（病気）や事情を神様からのメッセージとして分かりやすく通訳する仕事です。通訳者は、両方の心と両方の環境や文化について、理解を深める努力が大切であることも分かりました。

早樫さんからは「バランス」の大切さを学びました。これまで多くの家族と接し、家族の力のバランス、つながりのバランスに注目し、不均衡を調整してきた専門家です。問題がたとえ個人的なことであっても、その解決には人の力、特に家族の力は役立つし、必要でもあります。バランスは関係性です。家族に内在する力を引き出し、外の力とうまくつながっていけるように、援助者が家族とうまくかかわることの大切さが分かりました。

私の思うことは「視点」です。あちら側から見たり、上空から見たり、未来から見たりと、いろいろな場所に意識の目を置いてみることです。「鳥の目・虫の目」とか「複眼的に見る」という言葉もあれば、古くは世阿弥の『風姿花伝』に出てくる「所見の見・離見の見」の話もあります。離れた向こうから自分の姿を見ている「離見の見」や、自己の認知を認知する「メタ認知」は、視点を自分から離して客観的に見る意味ではよく似ています。

私は大学で数学を専攻しました。特に幾何学が好きでした。そのせいかもしれません。一つの目だけで見ていると一面的ですが、二つ以上の異なる視点で見ると、より立体的であり新発見もあります。公理が異なれば別の定理が成立するように、立場が変わると評価も変わるし、失敗が成功に変わることもあります。

視点を変えてみる癖(くせ)は、神様はどう見ておられるか、教祖(おやさま)ならどうされるか、未来の自分ならどう説明するだろうか、などにも発展します。

三人の対人援助のかかわり方は、いずれも力ずくで介入するものではありません。ものの見方であり、つなぎ方であり、相手の力を引き出す方法であって、当人を主体とする援助です。一人ひとりが人間関係を通じて、神様とじかに向き合っていく、自立した人間に成長するための助けになると信じています。

カウンセリングを学んで、どんな良い点があったかと聞かれることがありますが、この点でも三人に共通点がありました。親子関係で例を挙げれば、自分の子どもが思春期になっても、よく相談しにやって来たことです。普通は父親に相談する子は少ないようですが、私たち三人はわが子の相談を受けてきました。それは三人がカウンセラーの仕事をしているからではありません（親子でカウンセリングは難しいものです）。考えられる理由は二つあります。

一つは、子どもがどういう話をするのか、一応最後まで聴こうとする態度があります。相手の話の途中に口をはさんで遮ることをあまりしません。これはカウンセラーの訓練をすると必ず身に付いてくるものです。

もう一つは、三人はこれまでいろいろな若者とかかわり、見た目と中身の違うことも、驚くような問題も見てきました。その経験のうえから、わが子の話を比較的冷静に聴けるし、また絶対的に信じていることを伝えるために、落ち着いて聴くことができるようになっていました。

こうした「聴く技術」と「人間尊重の態度」は、日ごろの対人関係にも、信仰における「おたすけ」のうえにも、きっと役立つことであり、つながりの秘訣であると、私は強く感じています。

（古市俊郎）

宮崎伸一郎（みやざき・しんいちろう）
日本臨床心理士。天理教梅満分教会長。
1956年、福岡県久留米市生まれ。1979年、西南学院大学経済学部卒業。同年４月より九州大学教育学部で臨床心理学を学び、研究生として在学中に心理判定員として福岡市児童相談所に勤務を始める。九州大学教育学部心理教育相談室カウンセラー、複数の専門学校の講師などを経て、現在、天理大学人間学部（臨床心理）非常勤講師、九州大学大学院人間環境学府附属臨床心理センター面接指導員、日本赤十字九州国際看護大学学生相談室カウンセラー、福岡県スクールアドバイザー。
著書に『幸せに向かうキップ』（はっぴすと文庫）がある。

古市俊郎（ふるいち・としろう）
産業カウンセラー。天理教福之泉分教会長。天理やまと文化会議委員。
1952年、金沢市生まれ。1974年、金沢大学理学部数学科卒業。石川県立高等学校教諭を３年間勤め退職。1996年より金沢市教育相談センター教育相談員を経て、現在、心療内科カウンセラー、公立中学校スクールカウンセラー、大学学生相談室カウンセラー、看護専門学校非常勤講師、産業カウンセラーとして派遣のカウンセラーやメンタルヘルス研修講師などを務める。

早樫一男（はやかし・かずお）
日本臨床心理士。天理教彌榮分教会彌生布教所長。天理やまと文化会議委員。
1952年、京都市生まれ。1974年、追手門学院大学文学部心理学科卒業。1977年、心理判定員として児童相談所勤務。知的障害者更生相談所、身体障害者更生相談所、児童相談所長を経て、現在、児童自立支援施設長。
著書（共著）に『知的発達障害の家族援助』『非行臨床の実践』（金剛出版）、『登校拒否と家族療法』『非行と家族療法』『父親と家族療法』（ミネルヴァ書房）などがある。『そだちと援助』（明石書店）に「ジェノグラムをとおした家族援助」を連載中。

親のココロ 子のキモチ
～3人のセラピストからのメッセージ～

2009年7月1日　初版第1刷発行

著　者　宮崎伸一郎
　　　　古市俊郎
　　　　早樫一男

発行所　天理教道友社
〒632-8686　奈良県天理市三島町271
電話　0743(62)5388
振替　00900-7-10367

印刷所　株式会社天理時報社
〒632-0083　奈良県天理市稲葉町80

ISBN 978-4-8073-0542-1　　定価はカバーに表示